WELCOME TO ECOLE ALG
BOOK 1

NAME...

This book is designed to help you understand the French language.

Before moving to the next work sheet, make sure you understand the meaning and know the pronunciation of the five words found in the top left hand corner of the page.

All colours in the vocabulary sheets at the end of the book need to be coloured in when learned.

A farmer has hidden twelve cauliflowers in this book. Can you find them? Fill in the boxes at the end of the book with the numbers of the worksheets in which you find the cauliflowers.

Enjoy working through the book and good luck with learning French.

C'EST CHOUETTE AVEC ALOUETTE

ECOLE ALOUETTE ™

First published by
© Lucy Montgomery trading as Ecole Alouette in 1997

The right of Lucy Montgomery to be identified as the author of this work has been
asserted by her in accordance with the Copyright, Designs and Patents Act, 1988

First published in Great Britain in 1997 by
© Lucy Montgomery trading as Ecole Alouette
Second edition 1998

ISBN 1 901870 11 1

 ROBERT LAURA ARCHIE FIONA

Tel: 01843 ~ 843447 ~ Fax 01843 ~ 845650

VOCABULAIRE

bleu - blue
rouge - red
jaune - yellow
blanc - white
vert - green

GREETING

Bonjour!
Good morning!/hello!

Practise saying "Bonjour."

❋ Colour in the pictures using the correct colours.

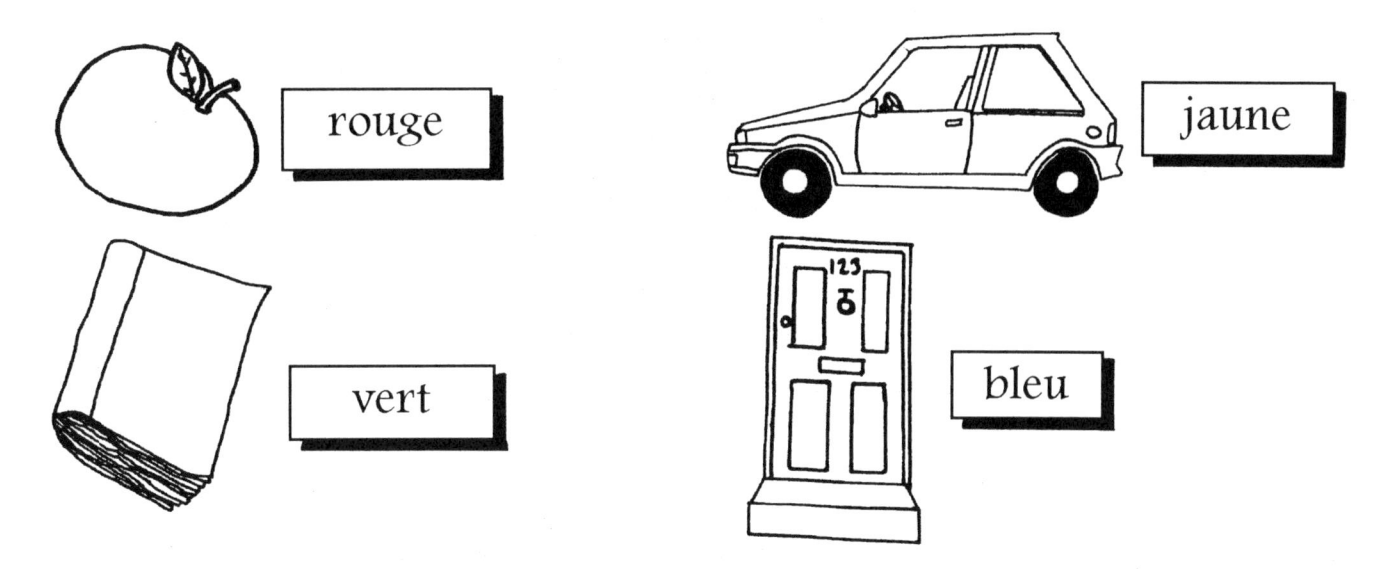

rouge

jaune

vert

bleu

❋ Colour the following words using the correct colours.

ROUGE JAUNE ROUGE BLANC VERT BLEU

BLANC VERT JAUNE BLEU JAUNE ROUGE

❋ Now see if you can colour in the French flag.

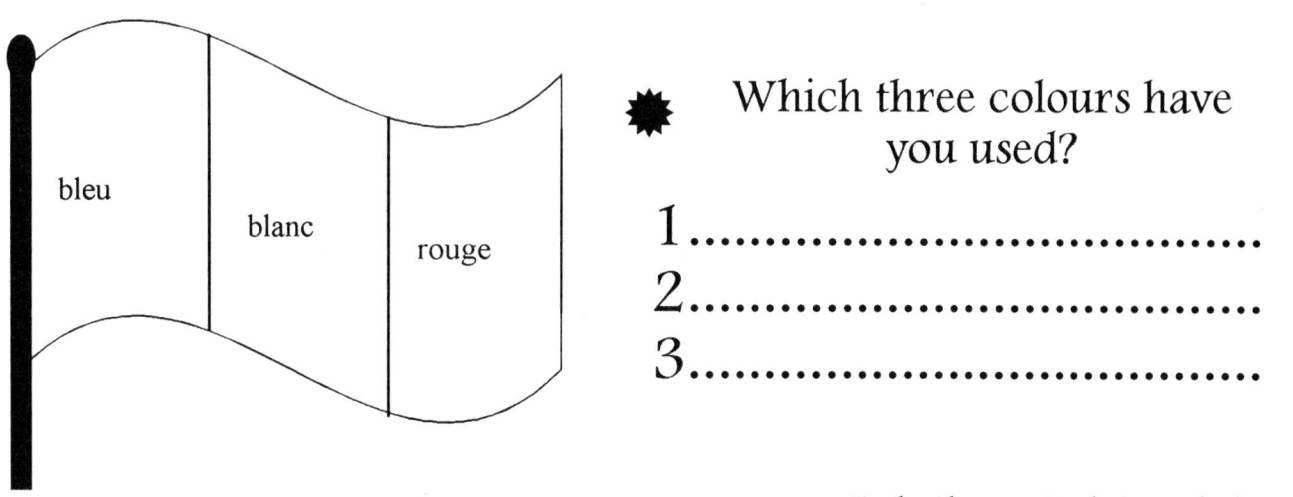

bleu

blanc

rouge

❋ Which three colours have you used?

1......................................
2......................................
3......................................

<table>
<tr><td>

VOCABULAIRE
Le pullover ~ jumper
Le nounours ~ teddy
Le lit ~ bed
Les rideaux ~ curtains
La jupe ~ skirt

</td><td>

MORE THINGS TO SAY
Salut!   Hi!
Au revoir   Goodbye
Practise meeting someone and then leaving.

</td></tr>
</table>

✸ Label the pictures and colour them in.

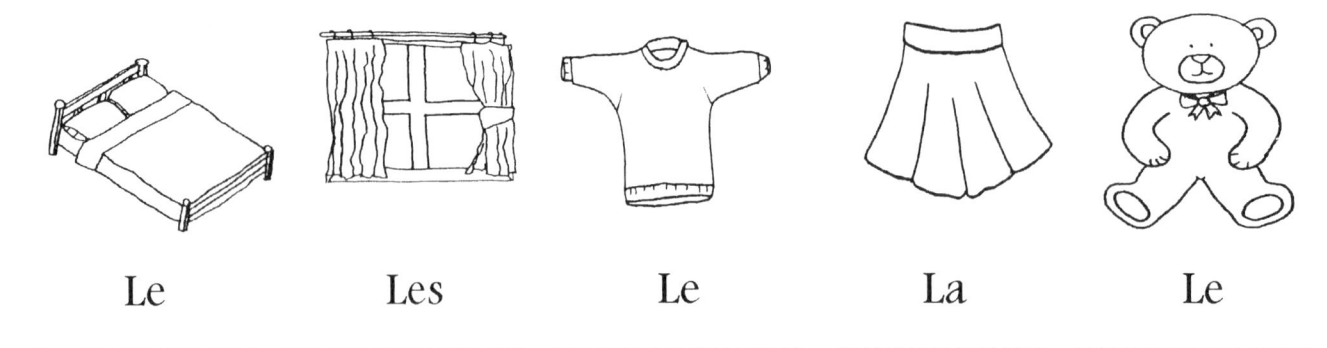

Le   Les   Le   La   Le

....

✸ Colour the two identical halves the same.

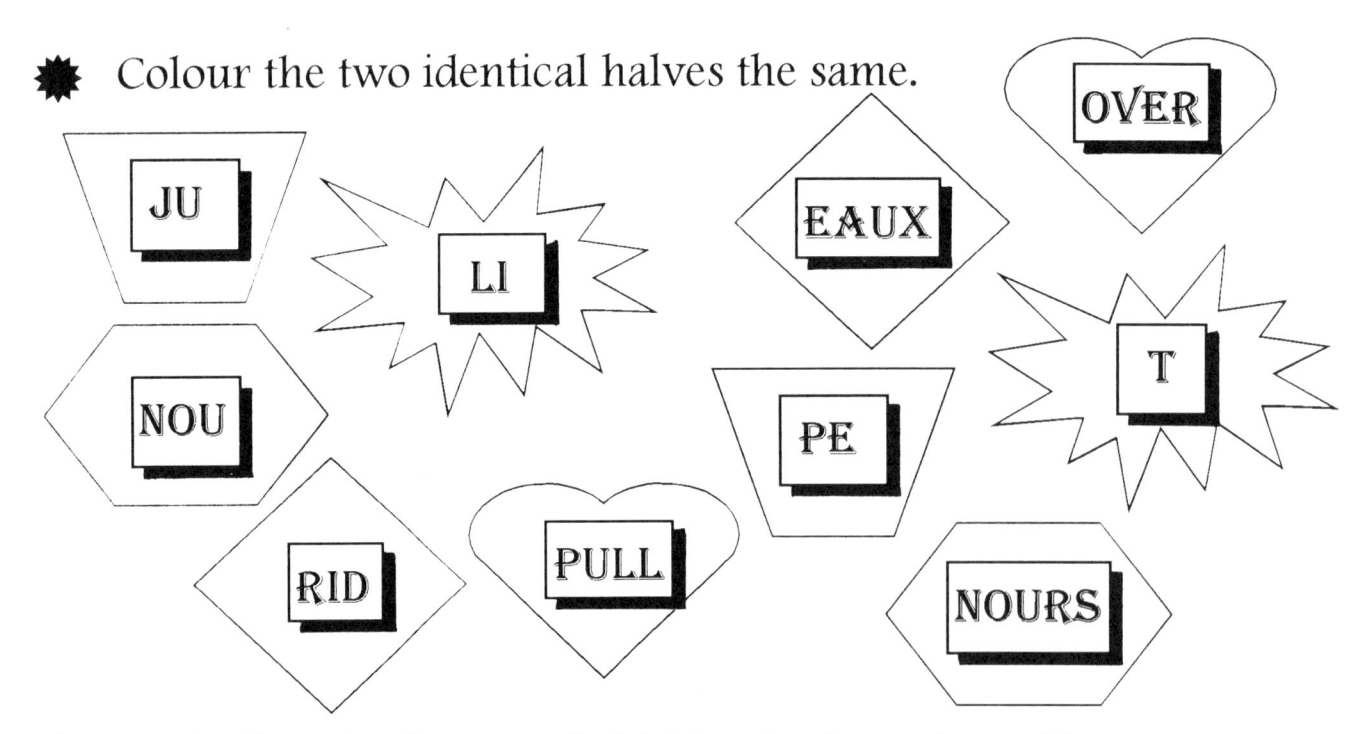

✸ Underline the five words hidden in the string of letters.

ALDPGNOUNOURSAPQLEWOREITNZLITA
APWOEJUPEWWQSFAPEOETKNRIDEAUXI
UXZAPDLQPULLOVERMSLQIJRBRNDQPE

3

VOCABULAIRE
violet - purple
orange - orange
noir - black
marron - brown
gris - grey

CAN YOU REMEMBER THE FRENCH FOR?
Hi! ....
Good morning ....
Goodbye ....

✸ Colour correctly the squares in the empty grid.

noir	gris	orange	violet
marron	violet	noir	marron
orange	noir	violet	gris
violet	orange	marron	noir
marron	gris	orange	gris

✸ Fill in the blanks below with a, e, i, o or u.
What are these five letters known as?.................................

__r__ng__	n____r	m__rr__n

gr__s	v____l__t

✸ Unjumble the letters to spell four colours in French.

1. roamrn.........................

3. nogear.........................

2. toivel.........................

4. roni.........................

VOCABULAIRE

La chemise - shirt
Les chaussettes - socks
Les chaussures - shoes
Le livre - book
La poupée - doll

COLOURS

rouge - red
blanc - white
bleu - blue
vert - green
jaune - yellow

✳ Colour the objects in the picture according to the chart below.

	🧦	👟	📖	👧	👕
bleu		✘			
jaune				✘	
blanc	✘				
vert			✘		
rouge					✘

✳ Write the words in their correct shape.

NUMBERS
1 ~ un
2 ~ deux
3 ~ trois
4 ~ quatre
5 ~ cinq

GRAMMAIRE

Don't forget to add an "s" when there is more than one.

un chat ~ one cat

deux chats ~ two cats

REMEMBER

Colours come after the noun in French.

✳ Colour the correct number of objects.

trois chemises rouges

deux livres verts

quatre chaussettes bleues

cinq jupes jaunes

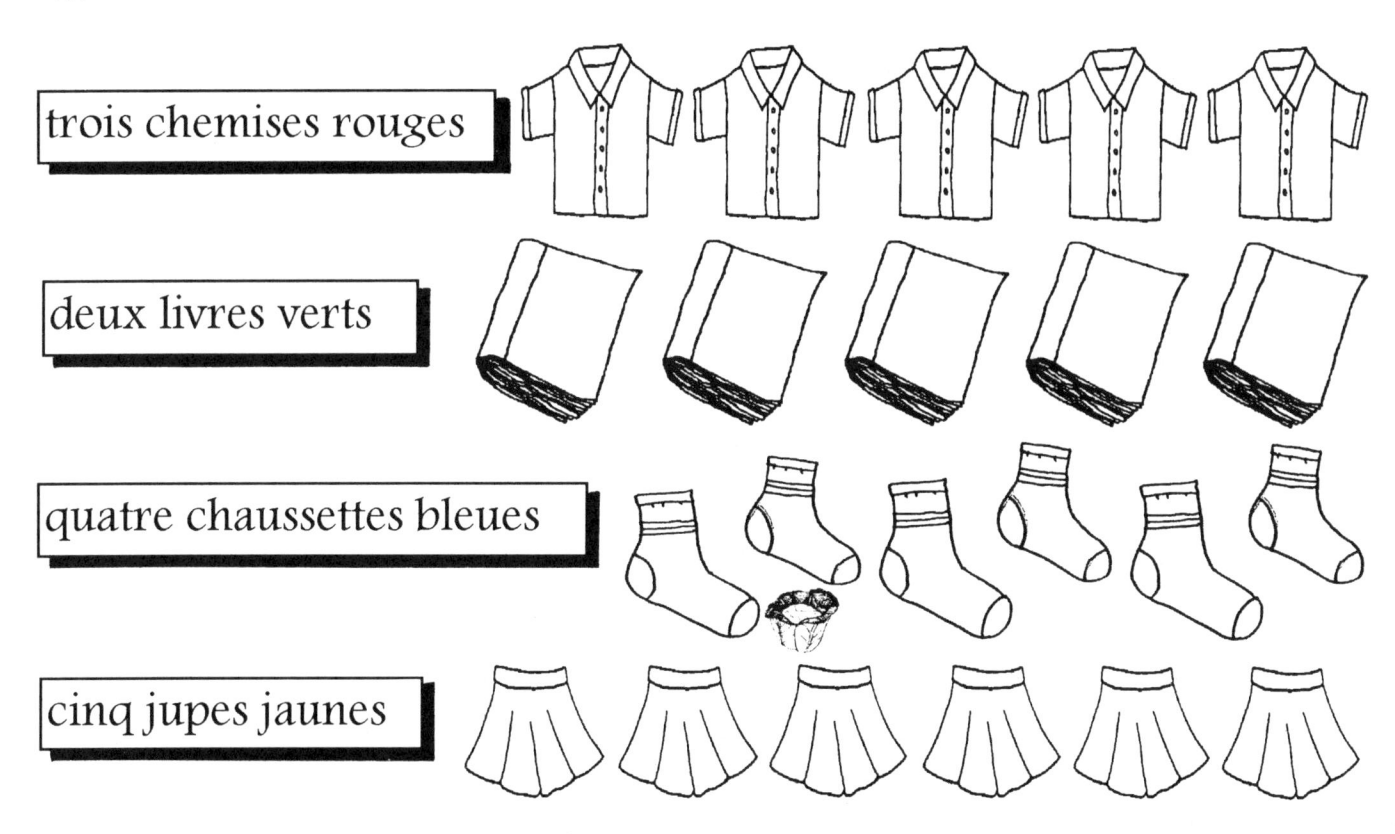

✳ Write the number of objects, in French, below each picture. Colour the pictures correctly.

rouge	vert et rose	gris et noir	jaune

✸ Colour the pictures according to the numbers.

COLOUR BY NUMBER CHART

1 = rouge

2 = vert

3 = marron

4 = jaune

5 = bleu

6 = violet

✸ Colour the correct number of objects.

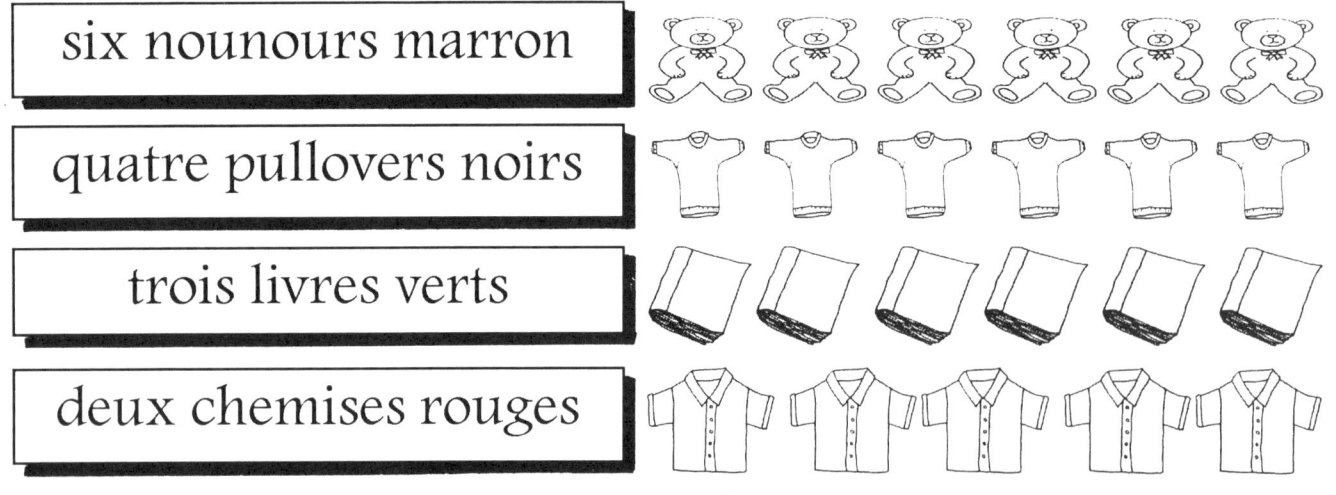

six nounours marron

quatre pullovers noirs

trois livres verts

deux chemises rouges

✸ Look at the "colour by numbers" chart and write, in French, the number of each of the colours below. (Some have been used twice.)

rouge.....................

marron.....................

violet.....................

bleu.....................

vert.....................

jaune.....................

marron.....................

rouge.....................

Ecole Alouette Book 1 Work sheet 6

VOCABULAIRE

La poêle - frying pan
L'assiette (f) - plate
Le verre - glass (for drink)
Le couteau - knife
La chaise - chair

NUMBERS FROM 6 - 15

6 ~ six   11 ~ onze
7 ~ sept   12 ~ douze
8 ~ huit   13 ~ treize
9 ~ neuf   14 ~ quatorze
10 ~ dix   15 ~ quinze

✸ Label the pictures.

....

,

✸ Fill in the crossword with the five vocabulary words.

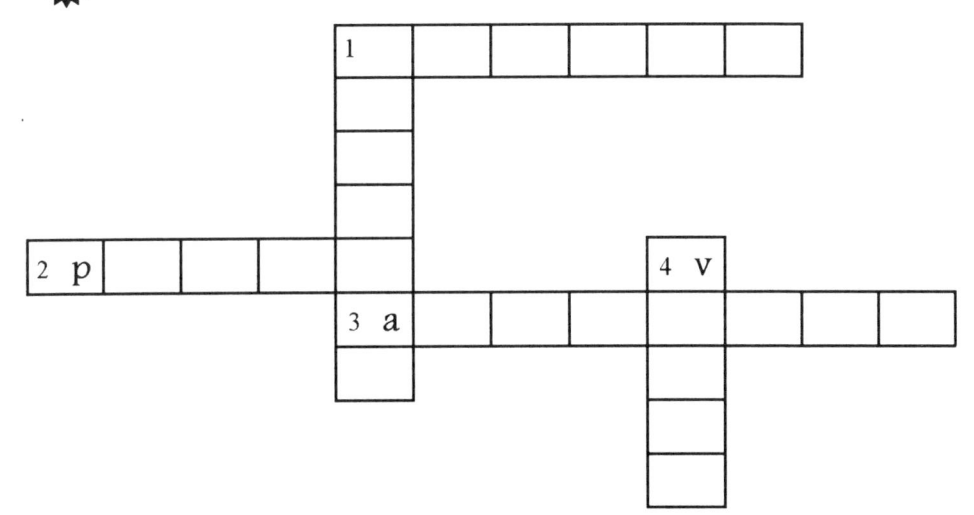

✸ Link the objects and words that go together.

L'assiette ●
La poêle ●
Le couteau ●
La chaise ●
Le verre ●

 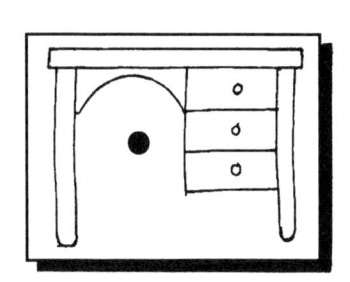 

✳ Fill in the correct colours, then make an exact copy in the box on the right.

jaune	vert			bleu
	rouge		jaune	
		bleu		vert
rouge		vert		bleu

✳ Circle each word in its correct colour. One word is not a colour, can you tick it?

MARRON   jaune

bleu   **rouge**   **VERT**   rouge   vert   mouge

violet   **GRIS**   marron   rouge   bleu   **jaune**   jaune

bleu   **bleu**   **VERT**   marron   **ROUGE**   vert

✳ Find eight colours among the string of letters

violet   gris   **violet**

AZOSBLEUWLTWXGNBPQMARRONXLDQMCCXNRTZSN NOIRCPAIELOKLVIOLETADOGIETIAUGRISQOAPELDK MFFPJPOJKROUGELKJDAMBLANCOIUELDKHJAUNEO

✳ Write these numbers, in French. (Check work sheets 5 and 7.) Colour the even numbers in blue and the odd numbers in green.

2 ....   15 ....   9 ....   4 ....

11 ....   7 ....   10 ....   5 ....

1 ....   8 ....   14 ....   6 ....

13 ....   12 ....   3 ....

<table>
<tr><td>

VOCABULAIRE
La cuillère - spoon
La fenêtre - window
La porte - door
La tasse - cup
La table - table

</td><td>

QUESTION TIME
Comment t'appelles-tu?
What's your name?
Je m'appelle ....
I'm called ....
Practise asking and answering the question until word perfect.

</td></tr>
</table>

✳ Circle the correct number for each group of pictures.

deux	six	huit

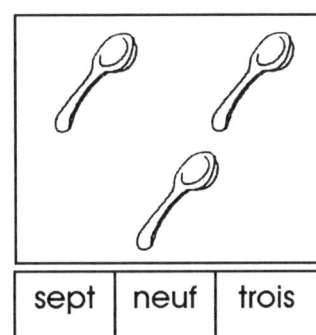

sept	neuf	trois

deux	dix	quatre

cinq	sept	quatre

✳ Fill in the missing letters of the words below.

La c __ illè __ e	La fe __ __ tre	La p __ r __ e

La t __ b __ __	La __ __ ss __

✳ In the five words below, circle these letters in the following colours: r en vert ~ e en bleu ~ l en rouge ~ t en jaune.

cuillère fenêtre table tasse porte

✳ Circle the correct word for each of the following pictures.

Le livre	Le nounours	La tasse	Le lit	La porte
La table	La chemise	La table	Le pullover	Le livre
La tasse	La fenêtre	La chemise	La poupée	La poêle
La jupe	La cuillère	La poêle	La cuillère	Le lit

VOCABULAIRE

Le chat - cat
Le chien - dog
Le poisson - fish
Le lapin - rabbit
Le hamster - hamster

GRAMMAIRE

Don't forget that colours come **after** the noun in French.
le chien marron - the brown dog

✸ Link the animals to their name in French.

| Le chien | Le poisson | Le chat | Le lapin | Le hamster |

✸ Colour the animals correctly.

Le hamster marron

Le chien noir

Le poisson rouge

Le lapin gris

Le chat orange

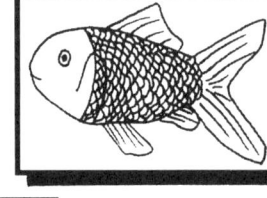

✸ Copy the words in your best handwriting.

Le poisson ....   Le hamster ....

Le chat ....   Le chien ....

VOCABULAIRE

Le beurre ~ butter
Le lait ~ milk
Le fromage ~ cheese
Le pain ~ bread
La confiture ~ jam

QUESTION TIME

Où habites-tu? ~ Where do you live?
J'habite à...
I live in..

Practise asking where someone lives and give your own answer.

✸ Copy the words for each picture.

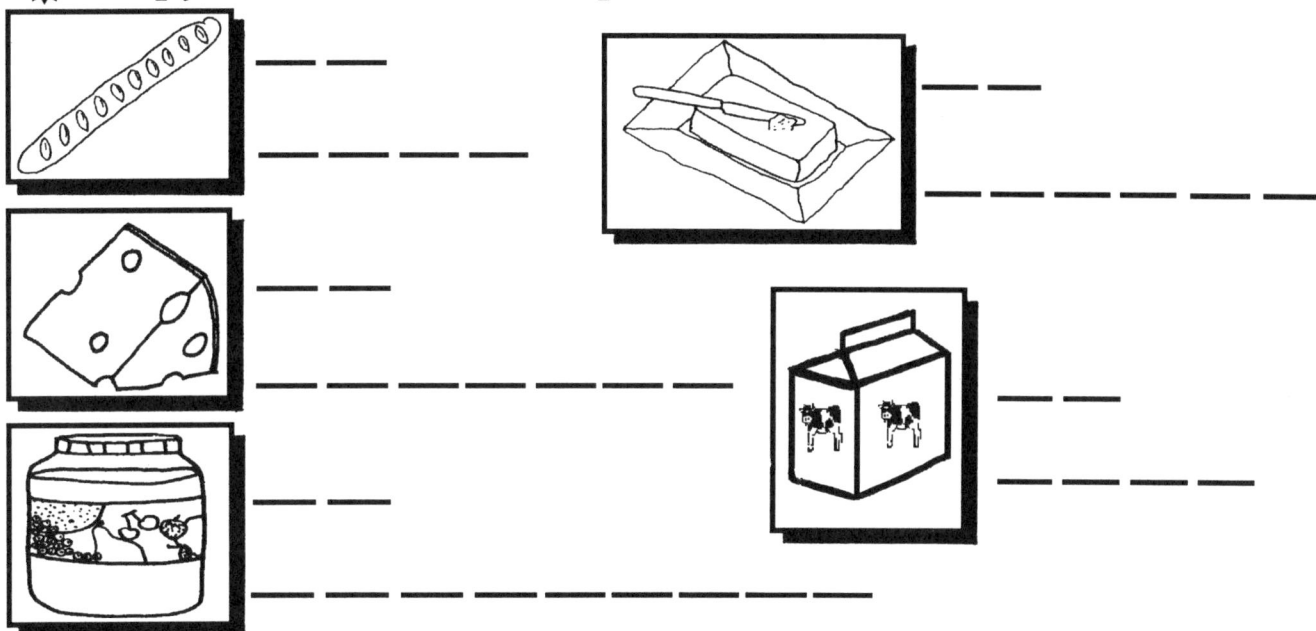

✸ Underline the food needed to make this jam sandwich.

beurre
lait
fromage
pain
confiture

✸ Find the five 'food' words hidden in the long string of letters.
Colour the five words.

DPIEJFROMAGEALKEQOEPAINFLJW
NEOMGFBEURREOALDJFAPDLAITE
WAPNAPEOWJFCONFITUREOAIDNE

12

VOCABULAIRE

La pomme - apple
La poire - pear
La banane - banana
La fraise - strawberry
Le citron - lemon

QUESTION TIME

Quel âge as-tu?   ~ How old are you?
J'ai............ans   ~ I'm.........years old

You are beginning to be able to say quite alot in French now. Keep on practising the greetings, questions and answers until word perfect.

✹ Colour in the fruit and mark which colours you have used.

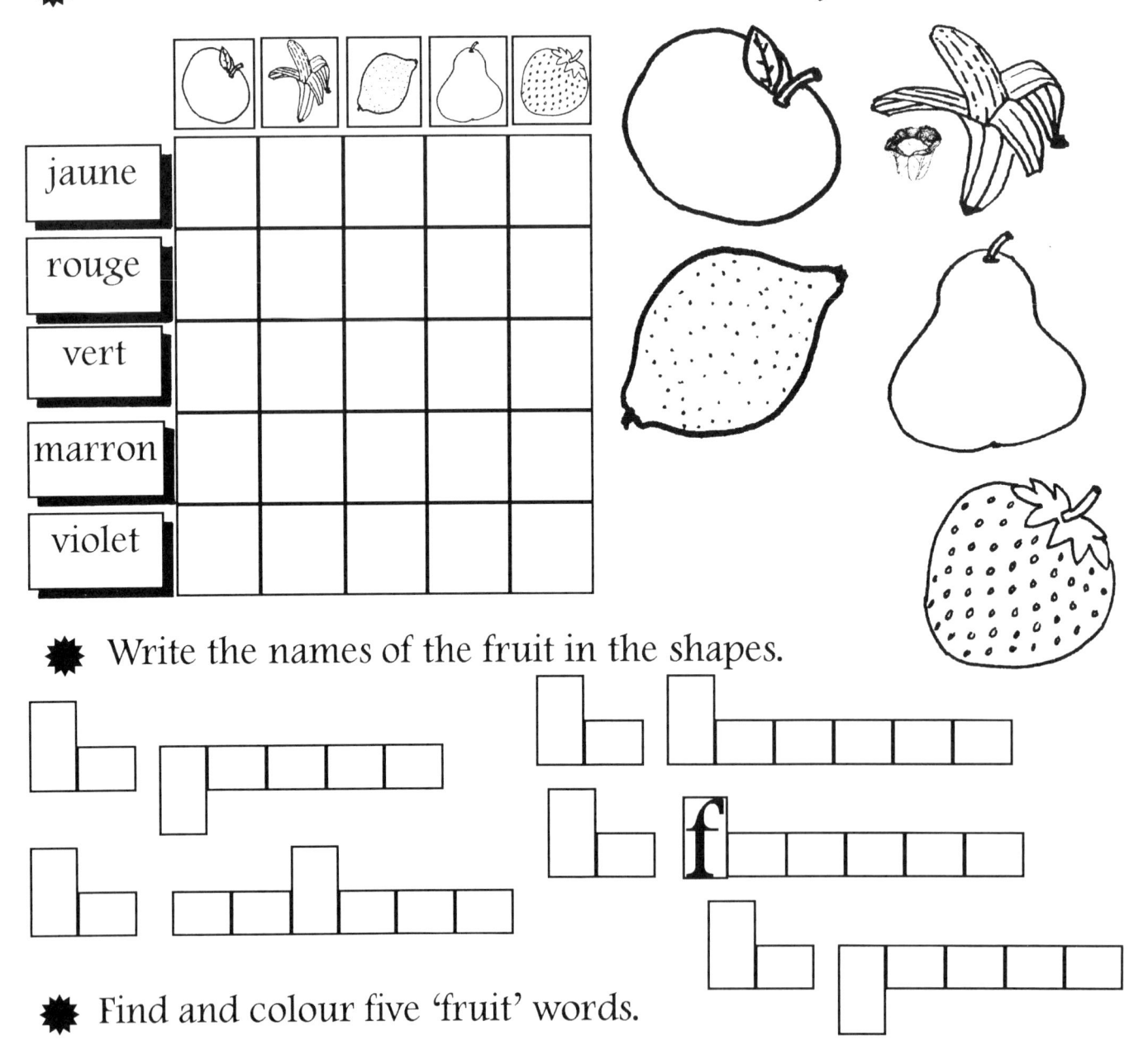

jaune					
rouge					
vert					
marron					
violet					

✹ Write the names of the fruit in the shapes.

✹ Find and colour five 'fruit' words.

ASPOMMEAEINNPOIRELSINBANANEQWPASQ
OFASPMDFRAISEQUYZXDBAMCITRONPMVNB

Ecole Alouette Book 1 Work sheet 12

VOCABULAIRE	QUESTION TIME
Le tracteur - tractor Le cochon - pig La vache - cow La poule - hen Le cheval - horse	Comment t'appelles-tu? Je m'appelle.......................... Quel âge as-tu? J'ai..................................ans. You should now be able to answer these questions as quick as a flash!

✸ Circle the correct spellings.

TACTEUR	COCHON	VACEH	POULER	CHEVALE
TRACEUR	CHOCON	VACHER	POULE	CHAVAL
TRACTEUR	COCHIN	VACHE	PAULE	CHEVAL
TRATEUR	CACHON	VECHA	PUOLE	CHAVALE

✸ Make up the correct number with extra dots.

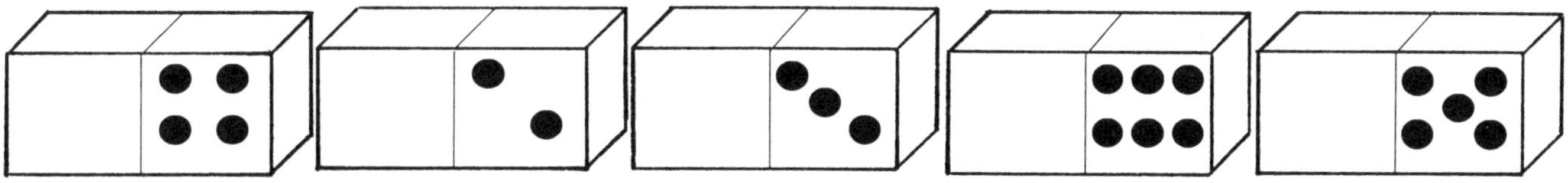

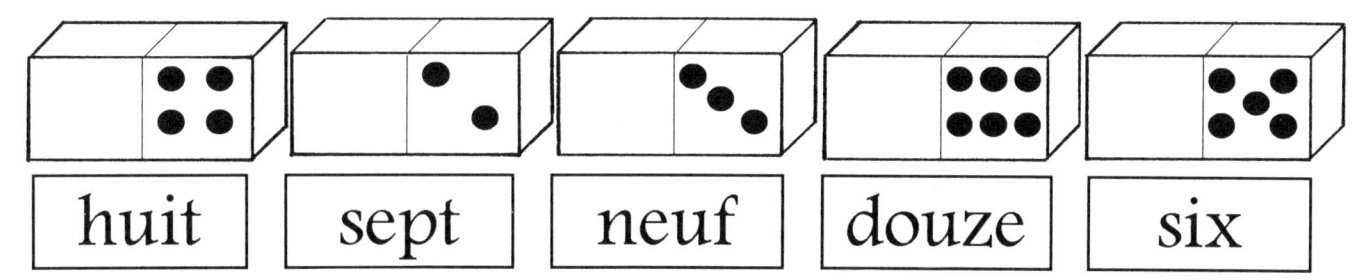

huit	sept	neuf	douze	six

✸ Write the correct number and name of the animals. Don't forget the plural 's'.

14

VOCABULAIRE

Le soleil - sun
La mer - sea
La plage - beach
Le bateau - boat
La pelle - spade

GRAMMAIRE

In French:
all <u>LE</u> words are masculine (M)
all <u>LA</u> words are feminine (F)
all <u>LES</u> words are plural (PL)
   Don't forget to add 's' to plural words
   unless the word already ends in 's'.

✸ Write M, F, or PL next to these words.

Le soleil	....	La mer	....
Les plages	....	Les pelles	....
Le bateau	....	Les soleils	....
La pelle	....	La plage	....

✸ Fill in the gaps with **a** or **e**, then link the words with the correct pictures.

L.....s p.....ll.....s

L..... m.....r

L..... pl.....g.....

L..... b.....t..... .....u

L..... p.....ll.....

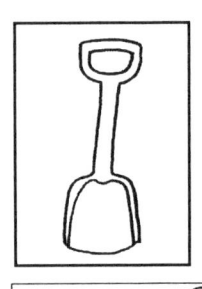

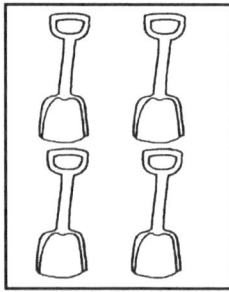

✸ Find the five hidden 'seaside' words and colour them.

APELFNNSOLEILWOEAPELLEFRALE
MERAPDOMNFPLAGEPZMBATEAUA

Ecole Alouette Book 1 Work sheet 14

VOCABULAIRE

Le toit ~ roof
La cheminée ~ chimney
Le ciel ~ sky
Le nuage ~ cloud
La lune ~ moon

QUESTIONS

Où habites-tu? (See page 11)
Quel âge as-tu? (See page 12)
Comment t'appelles-tu? (See page 9)

See if you can ask these questions and give your own answers.

✸ Label the picture

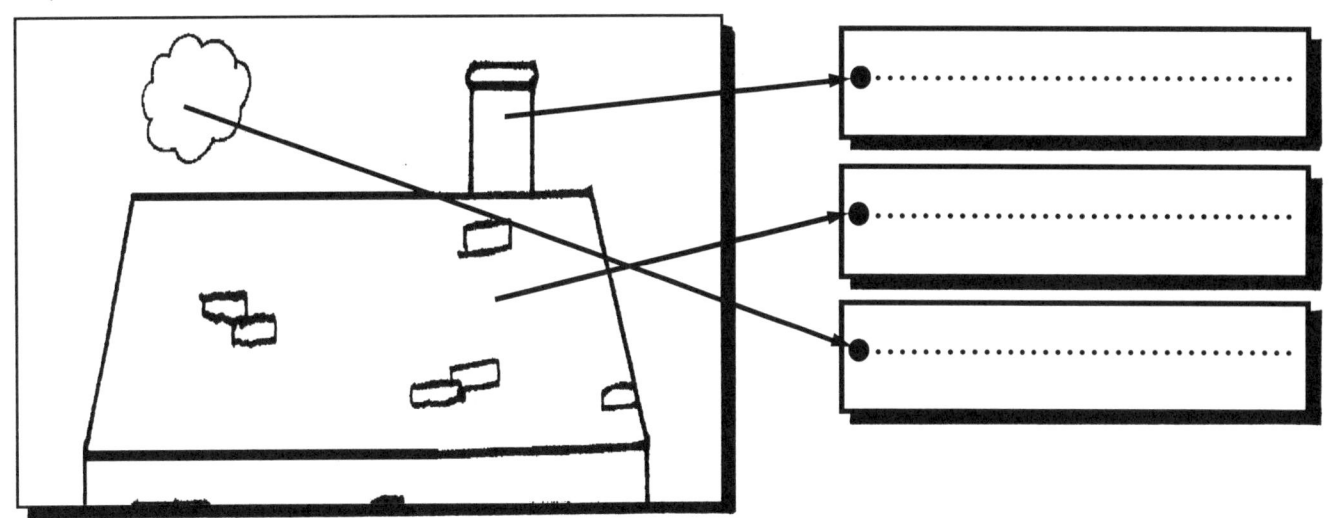

✸ Add the following to the picture.

1. la lune jaune
2. deux nuages blancs
3. le ciel bleu

✸ Answer the question with just one word.

1. Quel âge as-tu?...
2. Où habites-tu?..
3. Comment t'appelles-tu?...

✸ On the grid square, follow (in red) the direction of the arrows.

| 1 ↑ | 2 → | 3 → | 4 ↑ | 5 ← | 6 ↑ |
| 7 → | 8 → | 9 ↓ | 10 ↓ | 11 ↓ | 12 → |

Start here

Ecole Alouette Book 1 Work sheet 15

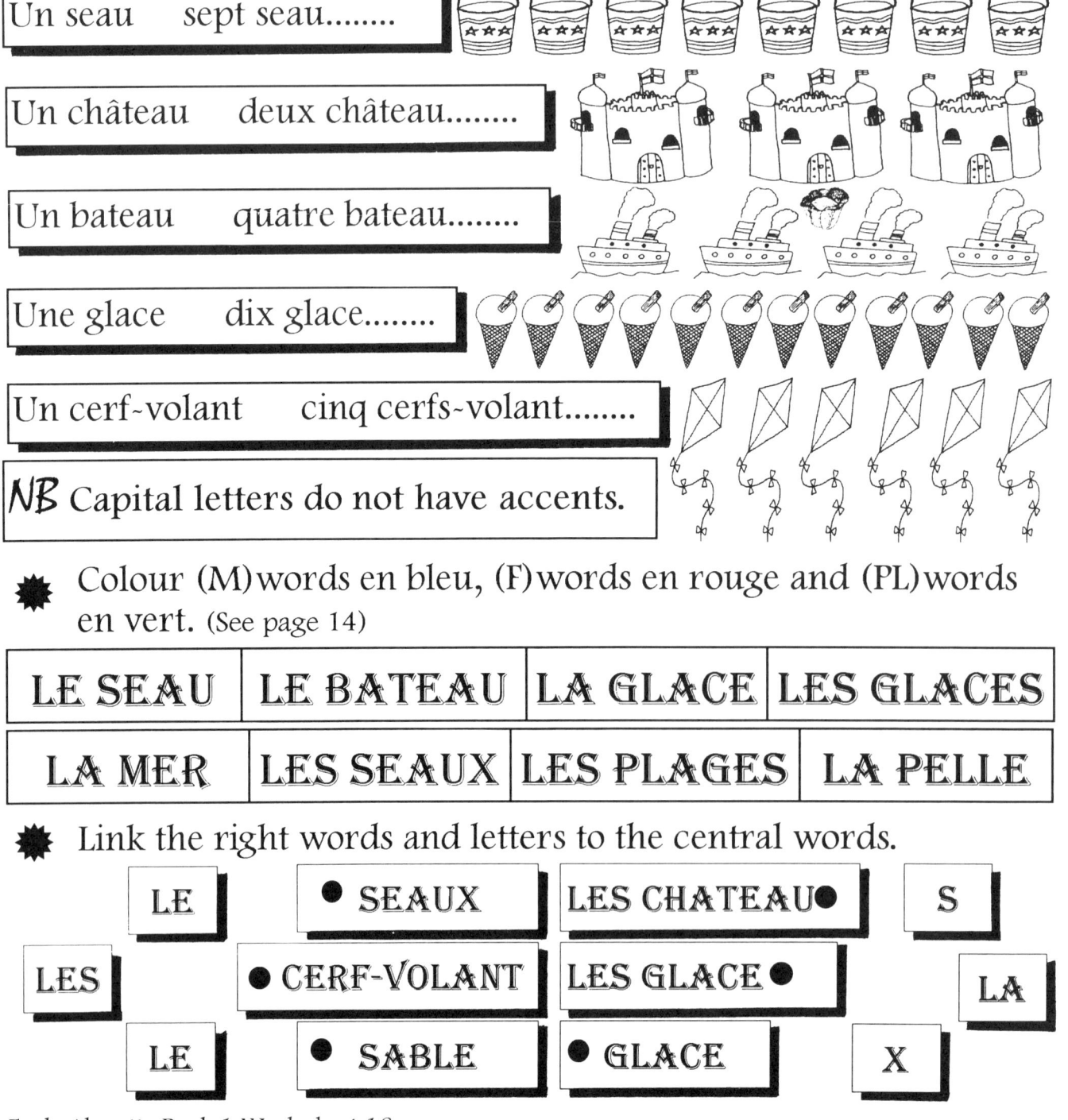

16

VOCABULAIRE
Le cerf-volant - kite
Le seau - bucket
Le sable - sand
La glace - ice cream
Le château - castle

GRAMMAIRE
Words ending in <u>EAU</u> add an <u>X</u> and not an <u>S</u> to make the plural.
Le château - Les châteaux
Le seau - Les seaux

✸ Add the correct plural ending and colour in the correct number of objects.

Un seau   sept seau........

Un château   deux château........

Un bateau   quatre bateau........

Une glace   dix glace........

Un cerf-volant   cinq cerfs-volant........

NB Capital letters do not have accents.

✸ Colour (M)words en bleu, (F)words en rouge and (PL)words en vert. (See page 14)

LE SEAU	LE BATEAU	LA GLACE	LES GLACES
LA MER	LES SEAUX	LES PLAGES	LA PELLE

✸ Link the right words and letters to the central words.

LE   • SEAUX   LES CHATEAU•   S
LES   • CERF-VOLANT   LES GLACE•   LA
LE   • SABLE   • GLACE   X

Ecole Alouette Book 1 Work sheet 16

VOCABULAIRE

L'oiseau(m) - bird
L'oie(f) - goose
Le canard - duck
Le coq - cockerel
Le cygne - swan

GRAMMAIRE

If a word begins with a vowel (a, e, i, o or u) then the <u>le</u> or <u>la</u> becomes <u>l'</u>.
The plural is still <u>les</u>.
L'oiseau - the bird
Les oiseaux - the birds

✹ Write these words in the plural. Don't forget the plural of le, la and l' is always <u>les</u>.

1. L'oiseau ....
2. L'oie ....
3. Le canard ....
4. Le coq ....
5. Le cygne ....

6. Le seau ....
7. Le château ....
8. La pelle ....
9. La glace..................................
10. Le cerf-volant..................................

✹ Circle
<u>la</u> and <u>f</u> en rouge
<u>le</u> et <u>m</u> en bleu
<u>les</u> et <u>pl</u> en vert
<u>l'</u> en jaune

l'	le	m	les	m
le	f	la	pl	le
la	le	pl	f	l'

pl	la	m	les	pl	l'	m	l'	la	les
le	le	f	pl	le	la	les	le	les	f
f	la	l'	la	les	le	f	m	le	l'
la	m	f	les	pl	la	l'	f	pl	m

✹ Label the birds and colour them.

18

VOCABULAIRE
La voiture ~ car
Le vélo ~ bike
L'avion (m) ~ plane
Le train ~ train
Le bus ~ bus
PLURAL
Les bus ~ buses

GRAMMAIRE
You now know that:
the in French is <u>le</u>(m), <u>la</u>(f) or <u>les</u>(pl).
You should also know that:
a in French is <u>un</u>(m) and <u>une</u>(f).
Un train ~ a train   Une voiture ~ a car
The plural of a is <u>some</u> ~ <u>des</u>.
Some trains ~ des trains

✹ Write **un** or **une** in the gaps. Tick whether the word is (m) or (f).

1. A car ———— voiture | M | F
2. A bike — — vélo | M | F
3. A train — — train | M | F
4. A plane — — avion | M | F
5. A bus — — bus | M | F

✹ Write in the plural.   ✹ Translate the plural into English.

une voiture
....
....

un avion
....
....

un bus
....
....

un train
....
....

un vélo
....
....

Ecole Alouette Book 1 Work sheet 18

VOCABULAIRE

Le jean - jeans
Le jogging - tracksuit
Le T-shirt - T-shirt
Le sweat(shirt) - sweat shirt
L'écharpe(f) - scarf
rose - pink

GRAMMAIRE

In French all <u>colours</u> come <u>after</u> the noun.
You add an E if the colour describes a feminine word (unless it already ends in an E) and an S if it describes a plural noun.

✳ Describe each piece of clothing using the colours provided.
Colour the pictures correctly.

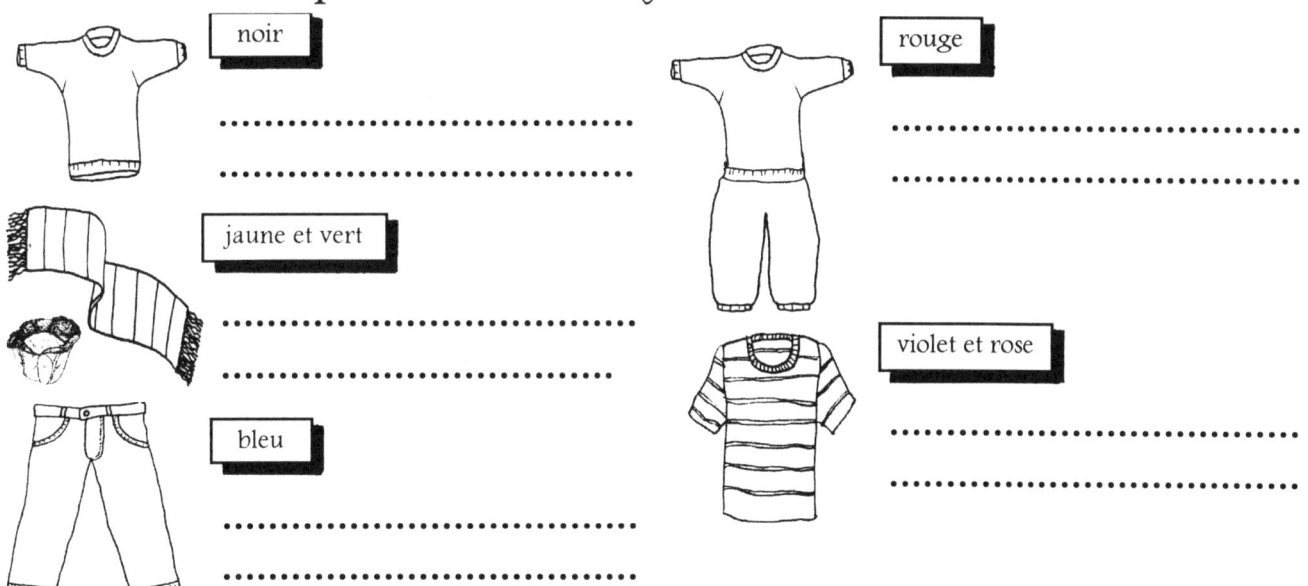

noir

jaune et vert

bleu

rouge

violet et rose

✳ Put these words into the plural.
What letter do you usually associate with the plural? ....

1. Le jean bleu   .... jean..... bleu.....
2. L'écharpe verte   .... écharpe..... verte.....
3. Le sweat rouge   .... sweat..... rouge.....
4. Le jogging jaune   .... jogging..... jaune.....
5. Le T-shirt violet   .... T-shirt..... violet.....

✳ Link the pictures to the correct writing.

 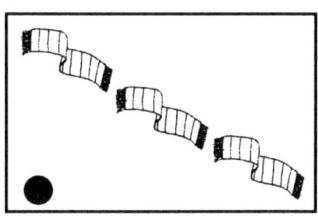 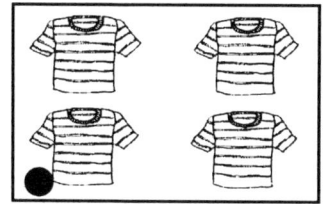 

●trois écharpes ●cinq écharpes ●deux T-shirts ●quatre T-shirts

QUESTION TIME
De quelle couleur est? ~ What colour is?

De quelle couleur est la mer?   La mer est.............................

De quelle couleur est le soleil?   Le soleil est...........................

De quelle couleur est le ciel?   Le ciel est............................

✸ Label the six objects and colour the picture according to the chart below.

1. ....

2. ....

3. ....

4. ....

5. ....

6. ....

	☀	🪣	🔨	🌊	🚢
bleu				X	
rouge		X	X		
jaune	X				
vert		X			X

✸ Tick if the sentence is correct and cross if incorrect.

Le ciel est gris.

Le soleil est jaune.

Le bateau est bleu.

La pelle est orange.

La mer est bleue.

Ecole Alouette Book 1 Work sheet 20

VOCABULAIRE

sur ~ on
sous ~ under
devant ~ in front of
derrière ~ behind
entre ~ between
dans ~ in

QUESTION TIME

Où est..........?
Where is..........?
De quelle couleur est..........?
What colour is..........?
Colorie ~ colour
La boîte ~ box

✸ Look carefully at the pictures and then answer the questions.

✸ Où est le soleil?

....

Colorie le nuage en rose et le soleil en rouge.

✸ Où est la tasse?

....

Colorie la tasse en bleu et la boîte en violet.

✸ Où est le nounours?

....

Colorie les chaises en orange et le
nounours en marron.

✸ Où est le soleil?

....

Colorie l'arbre en vert et marron, les pommes en
rouge et le soleil en rose.

✸ Rewrite the jumbled words.

1. SSUO .... 4. REIDRERE ....

2. NSAD .... 5. TREEN ....

3. RSU .... 6. VNTDEA ....

22

VOCABULAIRE

L'arbre (m) ~ tree
La fleur ~ flower
La maison ~ house
Le jardin ~ garden
L'herbe (f) ~ grass

GRAMMAIRE

est ~ is
sont ~ are
il y a ~ there is/there are
Je ~ I
violet (m)/violette (f) ~ purple

✹ Label the picture. (see pages 9 and 15)

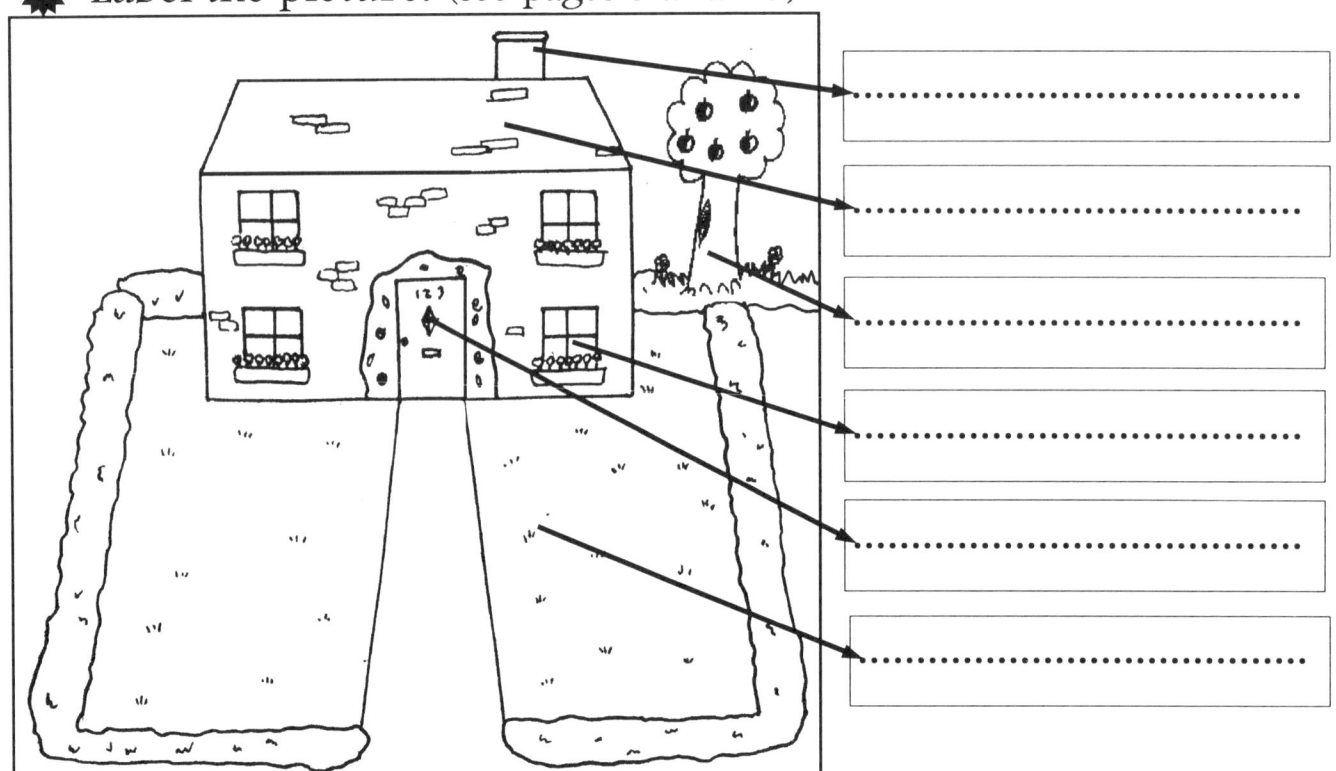

✹ Draw the following in the picture.

1. deux arbres verts
2. quatre fleurs jaunes
3. une fleur violette

4. trois fleurs rouges
5. cinq fleurs bleues
6. un chien blanc et noir

✹ Copy the sentences, replacing the pictures with words.

1. 🌼 🌼 🌼 sont dans le jardin.

....

2.  est entre 🌳 🌳

....

ECOLE ALOUETTE SONGS

Toc! toc! toc!

1
Toc! toc! toc! Qui est là, à la porte?
Ouaf! ouaf! ouaf!
Qui est là?
C'est le chien.

2
Toc! toc! toc! Qui est là, à la porte?
Miaou! miaou! miaou!
Qui est là?
C'est le chat.

3
Toc! toc! toc! Qui est là, à la porte?
Coin-coin-coin
Qui est là?
C'est le canard.

4
Toc! toc! toc! Qui est là, à la porte?
Meuh! meuh! meuh!
Qui est là?
C'est la vache.

5
Toc! toc! toc! Qui est là, à la porte?
Cui-cui-cui
Qui est là?
C'est l'oiseau.

Jacques a dit

1
Jacques a dit:
'Touche les yeux.'
'Touche les yeux.'
'Voici les yeux.'

2
Jacques a dit:
'Touche le nez.'
'Touche le nez.'
'Voici le nez.'

3
Jacques a dit:
'Touche la bouche.'
'Touche la bouche.'
'Voici la bouche.'

4
Jacques a dit:
'Touche la tête.'
'Touche la tête.'
'Voici la tête.'

5
Jacques a dit:
'Touche les oreilles.'
'Touche les oreilles.'
'Voici les oreilles.'

Un - deux - trois

1
Un arbre dans le jardin
Oh! la! la!
Deux arbres dans le jardin
Oh! la! la!
Trois arbres dans le parc
Oh! la! la!
Quatre arbres dans le parc
Oh! la! la!

2
Cinq arbres dans le village
Oh! la! la!
Six arbres dans le village
Oh! la! la!
Sept arbres dans la ville
Oh! la! la!
Huit arbres dans la ville
Oh! la! la!

3
Neuf arbres dans le bois
Oh! la! la!
Dix arbres dans le bois
Oh! la! la!
Onze arbres dans la forêt
Oh! la! la!
Douze arbres dans la forêt
Oh! la! la!

Yum yum yum

1
Je voudrais un sandwich
Où est le pain?
Je voudrais un sandwich
Où est le pain?
Yum yum yum, dans le placard
Je voudrais un sandwich
Où est le pain?

2
Je voudrais un sandwich
Où est le beurre?
Je voudrais un sandwich
Où est le beurre?
Yum yum yum, dans le frigo
Je voudrais un sandwich
Où est le beurre?

3
Je voudrais un sandwich
Où est la confiture?
Je voudrais un sandwich
Où est la confiture?
Yum yum yum dans le placard
Je voudrais un sandwich
Où est la confiture?

ECOLE ALOUETTE SONGS

Il y a

1

Il y a un nounours sous le lit
Il y a une souris sous le lit
Il y a une chaise derrière la porte
Il y a un chat derrière moi!

nounours - souris - chaise - chat
nounours - souris - chaise - chat

2

Il y a une assiette sur la table
Il y a une tasse sur la table
Il y a une fleur devant l'arbre
Il y a une oie devant l'arbre

assiette - tasse - fleur - oie
assiette - tasse - fleur - oie

3

Il y a un nounours sous le lit
Il y a une souris sous le lit
Il y a une chaise derrière la porte
Il y a un chat derrière moi!

nounours - souris - chaise - chat
nounours - souris - chaise - chat

Tu tu do do

1

Bonjour petit garçon!
(spoken)

Comment t'appelles-tu-tu-tu-tu?
Je m'appelle Ludo-do-do-do
Quel âge as-tu-tu-tu-tu?
Aujourd'hui j'ai huit ans.
Où habites-tu-tu-tu-tu?
J'habite à Paris-ris-ris-ris.
Merci, Ludo - au revoir.

2

Salut petite fille!
(spoken)

Comment t'appelles-tu-tu-tu-tu?
Je m'appelle Marie-rie-rie-rie
Quel âge as-tu-tu-tu-tu?
Aujourd'hui j'ai sept ans.
Où habites-tu-tu-tu-tu?
J'habite à Paris-ris-ris-ris
Merci, Marie - au revoir.

The names, ages and places can be changed to
suit different children.

Sur la plage

1
Un oiseau
Deux oiseaux
Sur la plage
Sur la plage
Un seau d'eau
Deux seaux d'eau
Sur la plage
Sur la plage

2
Un château
Deux châteaux
Sur la plage
Sur la plage
Un bateau
Deux bateaux
Sur la plage
Sur la plage

3
Un oiseau
Deux oiseaux
Sur la plage
Sur la plage
Un seau d'eau
Deux seaux d'eau
Sur la plage
Sur la plage

Un kilomètre à pied

1
Un kilomètre à pied
Deux kilomètres à pied
allons-y - allons-y, deux kilomètres à pied

2
Un kilomètre en vélo
Deux kilomètres en vélo
allons-y - allons-y, deux kilomètres en vélo

3
Un kilomètre en voiture
Deux kilomètres en voiture
allons-y - allons-y, deux kilomètres en voiture

4
Un kilomètre en train
Deux kilomètres en train
allons-y - allons-y, deux kilomètres en train

5
Un kilomètre en avion
Deux kilomètres en avion
allons-y - allons-y, deux kilomètres en avion

6
Un kilomètre en bus
Deux kilomètres en bus
allons-y - allons-y, deux kilomètres en bus

ECOLE ALOUETTE SONGS

Il est six heures et demie

1.
Il est six heures et demie, le réveil sonne.
Maman dit, "lève-toi, Pierre, dépêche-toi!"
Je préfère rester au lit, où j'y suis bien.
Je mets mon T-shirt vert,
Où est mon jean? Où est mon jean?

2.
Je mets mon jean bleu, je m'habille.
Je mets mes chaussettes blanches, elles sont
propre.
Je mets mes chaussures rouges, elles sont neuves.
Je me lave dans la salle de bains,
L'eau est chaude. L'eau est chaude.

3.
Je descends l'escalier, oh, j'ai faim!
Je mange un croissant chaud, c'est délicieux!
Je bois du chocolat, maintenant je suis prêt.
Je me brosse bien les dents,
Avec du dentifrice.

4
Je prépare mon cartable, il est lourd.
Je vais à l'école à pied,
C'est lundi!

De quelle couleur?

1.
De quelle couleur est le soleil?
Le soleil est jaune.
De quelle couleur sont les nuages?
Ils sont blancs.

2.
De quelle couleur est le ciel?
Le ciel est bleu.
De quelle couleur sont les tracteurs?
Ils sont verts.

3.
Combien de chats y a-t-il? Il y en a cinq.
Combien de chiens y a-t-il? Il y en a trois.

4.
Combien de vaches y a-t-il? Il y en a trois.
Combien d'oies y a-t-il? Il y en a sept.

5.
Où sont les deux cochons roses?
Devant la voiture.
Où est la vache noire et blanche?
Entre les canards.

6.
Où sont les quatre sapins verts?
Dans le beau jardin.
Où sont les petits oiseaux rouges?
Sur le toit.

Je vais à la montagne

1.
Je vais à la montagne. Quel temps fait-il?
Je vais à la montagne,
Il neige tout le temps.
Je fais du ski. Il fait très froid.
Je vais à la montagne.
Quel temps fait-il?

2.
Je vais au bord de la mer. Quel temps fait-il?
Je vais au bord de la mer.
Il y a du soleil
Je mange une glace. Il fait très chaud.
Je vais au bord de la mer.
Quel temps fait-il?

3.
Je vais à la campagne. Quel temps fait-il?
Je vais à la campagne.
Il pleut à verse.
J'ai mon parapluie. Je suis trempé.
Je vais à la campagne.
Quel temps fait-il?

4.
Je vais à l'école en ville. Quel temps fait-il?
Je vais à l'école en ville.
Il y a du brouillard.
J'arrive en retard. Je ne vois rien.
Je vais à l'école en ville.
Quel temps fait-il?

Brrrrrou! J'ai froid.

1
Mon pullover est sur le lit,
Brrrrrou! j'ai froid.
Mon jean bleu est sur le lit,
Brrrrrou! j'ai froid.
Ma chemise est sur le lit.
Mes chaussettes sont sur le lit.
Mes chaussures sont sous la chaise,
Brrrrrou! j'ai froid.

2
Je mets mon pullover,
Ahhhhh! j'ai chaud.
Je mets mon jean bleu,
Ahhhhh! j'ai chaud.
Je mets ma chemise.
Je mets mes chaussettes.
Je mets mes chaussures.
Enfin! Je suis prêt.

3
Mon pullover est sur le lit,
Brrrrrou! j'ai froid.
Mon jean bleu est sur le lit,
Brrrrrou! j'ai froid.
Ma chemise est sur le lit.
Mes chaussettes sont sur le lit.
Mes chaussures sont sous la chaise ,
Brrrrrou! j'ai froid.

ECOLE ALOUETTE SONGS

Quelle est la date?

1.
Quelle est la date aujourd'hui?
C'est lundi le quatre février.
C'est l'anniversaire de Sybille, elle a dix ans.

2.
Quelle est la date aujourd'hui?
C'est vendredi le dix juillet.
C'est l'anniversaire de Guillaume, il a huit ans.

3.
Quelle est la date aujourd'hui?
C'est dimanche le deux avril.
C'est l'anniversaire d'Isabelle, elle a cinq ans.

4.
Quelle est la date aujourd'hui?
C'est samedi le douze octobre.
C'est l'anniversaire de Xavier, il a onze ans.

5.
Sybille a dix ans.
Guillaume a huit ans.
Isabelle a cinq ans.
Xavier a onze ans.

Les quatre saisons

Il y a quatre saisons dans une année.
Le printemps - l'été - l'automne - l'hiver

CHORUS:
Au printemps, il y a du vent.
En été, il y a du soleil.
En automne, il y a du brouillard.
En hiver, il neige.

Repeat the chorus.

Il y a quatre saisons dans une année.
Le printemps - l'été - l'automne - l'hiver

CHORUS:
Au printemps, il y a du vent.
En été, il y a du soleil.
En automne, il y a du brouillard.
En hiver, il neige.

Repeat the chorus.

La poule violette

1
La poule violette est petite.
Le la-la-la-la lapin est mince.
Les deux animaux cherchent le cochon
Qui la-la-la-la vole dans le ciel!
Est- ce que le cochon vole dans le ciel?
Oui, le cochon vole dans le ciel!
Les deux animaux cherchent le cochon,
Qui la-la-la-la vole dans le ciel!

2
La souris verte est très grosse.
Le la-la-la-la cheval est grand.
Les deux animaux trouvent le ver long
Qui la-la-la-la nage dans une tasse!
Est- ce que le ver long nage dans une tasse?
Oui, le ver long nage dans une tasse!
Les deux animaux trouvent le ver long,
Qui la-la-la-la nage dans une tasse!

3
Le petit oiseau jaune est très lourd.
Le la-la-la-la poisson est léger.
Les deux animaux regardent la souris
Qui la-la-la-la danse sur la lune!
Est- ce que la souris danse sur la lune?
Oui, la souris danse sur la lune!
Les deux animaux regardent la souris,
Qui la-la-la-la danse sur la lune!

4
Le hamster rose est dans la niche.
Le la-la-la-la chien est dans la cage.
Les deux animaux écoutent la vache
Qui la-la-la-la chante la Marseillaise!
Est- ce que la vache chante la Marseillaise?
Oui, la vache chante la Marseillaise!
Les deux animaux écoutent la vache,
Qui la-la-la-la chante la Marseillaise!

Hoorah! Hoorah!

1
Françoise dit 'Je suis française.'
Antoine dit 'Je suis français.'
Ils disent 'Nous sommes français.'
Nous habitons en France.
Hoorah! hoorah! nous sommes français (repeat x 3)
Nous habitons en France.

2
Laura dit 'Je suis anglaise.'
William dit 'Je suis anglais.'
Ils disent 'Nous sommes anglais.'
Nous habitons en Angleterre.
Hoorah! hoorah! nous sommes anglais (repeat x 3)
Nous habitons en Angleterre.

3
Fiona dit 'Je suis écossaise.'
Archie dit 'Je suis écossais.'
Ils disent 'Nous sommes écossais.'
Nous habitons en Ecosse.
Hoorah! hoorah! nous sommes écossais (repeat x 3)
Nous habitons en Ecosse.

4
Caitlin dit 'Je suis irlandaise.'
Patrick dit 'Je suis irlandais.'
Ils disent 'Nous sommes irlandais.'
Nous habitons en Irlande.
Hoorah! hoorah! nous sommes irlandais (repeat x 3)
Nous habitons en Irlande.

5
Megan dit 'Je suis galloise.'
Daffydd dit 'Je suis gallois.'
Ils disent 'Nous sommes gallois.'
Nous habitons au pays de Galles.
Hoorah! hoorah! nous sommes gallois (repeat x 3)
Nous habitons au pays de Galles.

VOCABULAIRE
Le raisin - grape
Le melon - melon
La cerise - cherry

QUESTION TIME
Comment t'appelles-tu?.................................
Où habites-tu?..
Quel âge as-tu?.......................................

✸ Colour the pictures and write, in French, your title of the paintings.

A ~ jaune   B ~ rouge   C ~ vert   D ~ rouge

A..
B..
C..
D..

★ JE COLORIE
1. deux poires en jaune
2. une orange en orange
3. trois pommes en vert
4. cinq pommes en rouge
5. trois bananes en jaune
6. dix cerises en rouge

FIND OUT WHAT THE FRENCH IS FOR A PINEAPPLE.

....

7. le raisin en vert (colour them all)
8. le melon en vert (two shades)

✸ Write the French for the creature associated with these pictures.

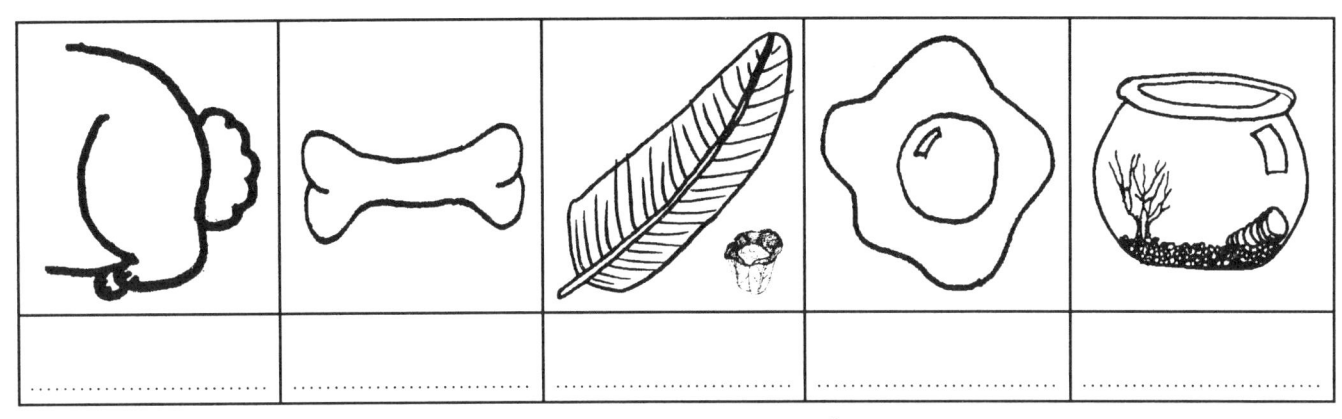

.... | .... | .... | .... | ....

✸ Describe each picture starting with **Il y a**. Colour the objects and add the colours to your description.

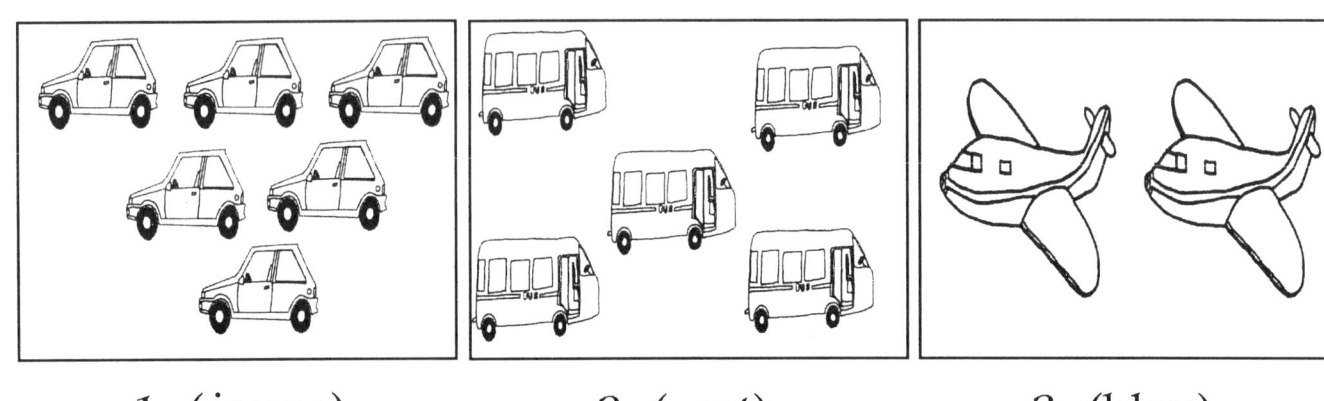

1. (jaune)   2. (vert)   3. (bleu)

1...

2...

3...

✸ Find the seven hidden animals in the string of letters.
Colour in the words. (Look at pages 10 and 13 for help.)

AOEINNCOCHONEWUPSVACHEAPE

LMFPOULEAOSKQHZPRDCHEVALW

PEORAPOLAPINZORKMMCCHATWP

SALCMXNBXNAOKHAMSTERPQOER

QUESTION TIME

De quelle couleur sont les arbres?
Les arbres sont..........................
De quelle couleur sont les cerises?
Les cerises sont.........................

GRAMMAIRE

Don't forget the French for:
the - le(m), la(f) and les(pl)
a - un(m) and une(f)
some - des(pl)

✸ Translate the words in brackets and tick the correct boxes.

	le	la	les	un	une	des
1. (the) lit................................	le	la	les	un	une	des
2. (the) poupée.........................	le	la	les	un	une	des
3. (a) jupe................................	le	la	les	un	une	des
4. (a) nounours........................	le	la	les	un	une	des
5. (the) rideaux........................	le	la	les	un	une	des
6. (some) livres........................	le	la	les	un	une	des
7. (a) chemise..........................	le	la	les	un	une	des
8. (the) chaussettes..................	le	la	les	un	une	des

✸ Write the French for the following and colour the border blue, if the word is masculine and red, if it is feminine.

QUESTION TIME

(Answer in full, in English. Find the towns in an atlas if not known.)

1. Où est Paris?...

2. Où est Madrid?..

3. Où est Los Angeles?..

Draw a picture of these words in the same square on the grid below.

	un arbre		une pelle
l' oiseau		une fleur	
une maison			une chaise

✹ Look at the picture. Circle the tick if the sentences are correct or the cross if the sentences are incorrect.

1. La maison est derrière les arbres.   ✓ ✗
2. Des fleurs sont sous l'arbre.   ✓ ✗
3. La maison est entre les arbres.   ✓ ✗
4. La maison est sur un arbre.   ✓ ✗
5. Le jardin est devant la maison.   ✓ ✗
6. Les arbres sont devant les fleurs.   ✓ ✗
7. L'herbe est dans le jardin.   ✓ ✗
8. Les fleurs sont dans l'herbe.   ✓ ✗

✹ Fill in the gaps with le, la, les, l', un, une or des.

1. (the) .... voiture
2. (the) .... bus
3. (some) .... vélos
4. (a) .... écharpe
5. (the) .... T-shirts
6. (a) .... glace
7. (the) .... oiseau
8. (some) .... cygnes

Ecole Alouette Book 1 Work sheet 26

VOCABULAIRE

L'eau(f) - water
Le café - coffee
Le thé - tea
Le lait - milk
Le vin - wine

DON'T FORGET

Don't forget the words:
La tasse - cup
Le verre - glass
La bouteille - bottle
They are useful 'drink' words.

✸ Write the correct liquid under each drawing.

....

✸ Write down the word which best goes with each picture.

 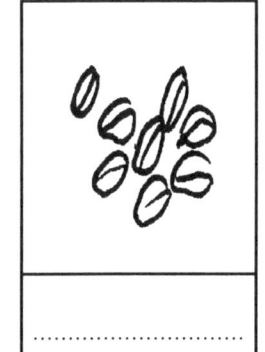  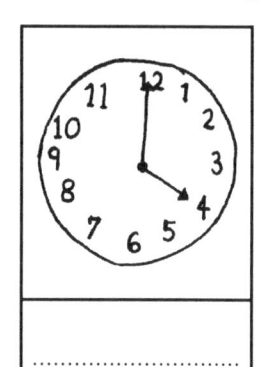 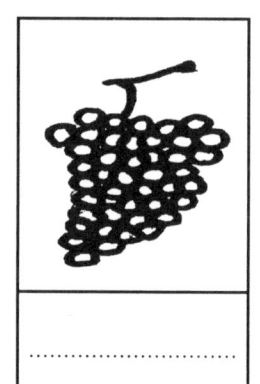

....

✸ Fill in the crossword, in French, with the help of the given clues.

1. You add it to cereal.
2. It's made from beans.
3. It's also a letter of the alphabet.
4. It flows in a river.
5. It's alcoholic.

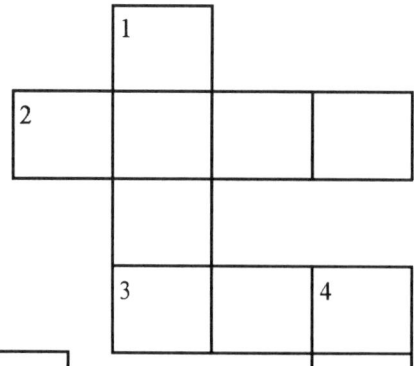

✸ Finish the sequence.

deux   quatre   six   huit   ....

Ecole Alouette Book 1 Work sheet 27

VOCABULAIRE

Le nez ~ nose
La bouche ~ mouth
Les oreilles(f) ~ ears
Les yeux(m) ~ eyes
La tête ~ head

GRAMMAIRE
Pierre a ~ Pierre has

PIERRE

✸ Put a tick if true or a cross if false.

1. Pierre a un nez.
2. Pierre a trois oreilles.
3. Pierre a deux bouches.
4. Pierre a deux yeux.
5. Pierre a quatre têtes.

✸ Link the word with the appropriate picture.

  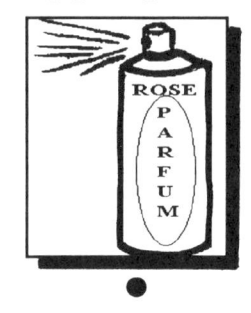 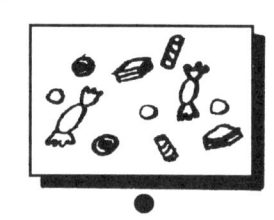 

| Les yeux | Les oreilles | Le nez | La tête | La bouche |

✸ Name the parts of Pierre's head.

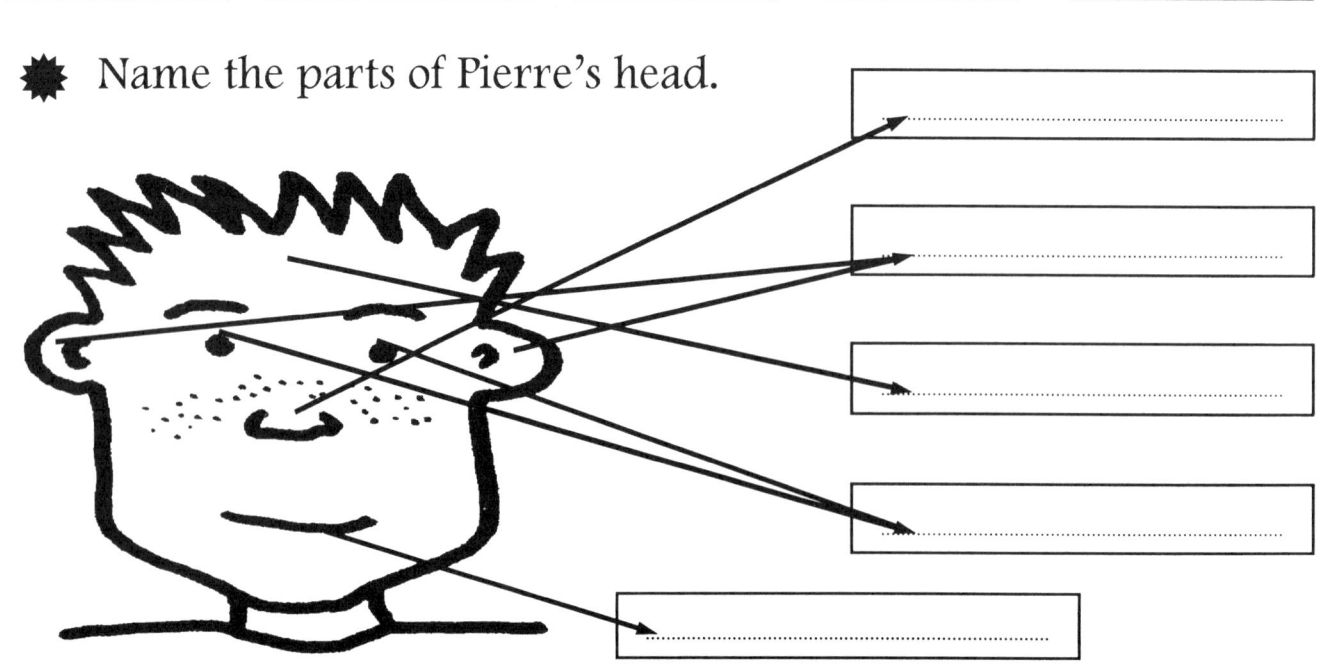

29

VOCABULAIRE
L'Angleterre(f) - England
La France - France
L'Irlande(f) - Ireland
L'Ecosse(f) - Scotland
La capitale - capital

GRAMMAIRE
où est? - where is?
où sont? - where are?
en- in (country)   de - of
NB Wales is not mentioned here as it
is an exception to the rule.

❋ Answer the questions and label the three countries on the map.

1. Où est Londres?
   Londres est.....................................
2. Où est Edimbourg?
   Edimbourg est.............................
3. Où est Dublin?
   Dublin est...................................
4. Où est Paris?
   Paris est.....................................

DIFFERENT TOWN NAMES IN FRENCH

London	Londres
Dover	Douvres
Edinburgh	Edimbourg

❋ How many times do the following letters appear in both versions of the towns above?
Write your answers in French.

o ....
e ....
n ....
r ....

❋ Try this crossword. (Answers in English)

1. La capitale de l'Angleterre.
2. La capitale de la France.
3. La capitale de l'Ecosse.
4. La capitale de l'Irlande.

VOCABULAIRE

Le crayon - pencil
Le stylo - pen
La gomme - rubber
La règle - ruler
La trousse - pencil case
La souris - mouse

PLURAL WORDS

un/une(a) become des(some).
le/la(the) become les(the).
est(is) becomes sont(are).
DON'T FORGET
You need to add an "S" to the noun
<u>and</u> the adjective.

✸ Change these sentences into the plural.
This is not easy so make sure you know the plural in English first.

1. la gomme est petite ....
2. la règle est longue ....
3. le crayon est rouge ....
4. un stylo bleu ....

✸ Write the letters from **a** to **i** at the top of the grid and the numbers from 1 to 4 down the side.

a								
1								

✸ Write the grid reference of each animal or bird in the boxes, then try and pronounce each word correctly.

1.	L'oiseau		7.	Le chien	
2.	La vache		8.	La souris	
3.	Le cygne		9.	La poule	
4.	Le lapin		10.	Le hamster	
5.	Le coq		11.	Le chat	
6.	Le cochon		12.	Le cheval	

VOCABULAIRE	
Le cercle - circle	
Le carré - square	
Le triangle - triangle	
Le rectangle - rectangle	
Le losange - diamond shape	

★ Link the shapes to the five words.

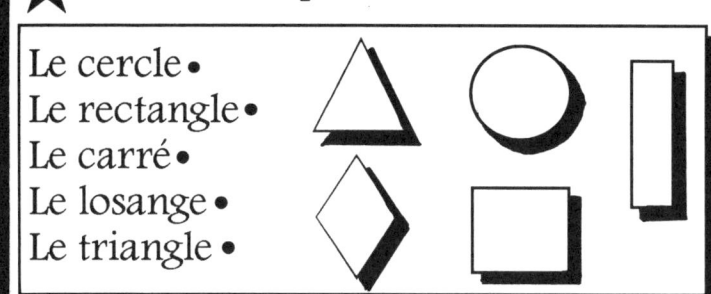

Le cercle •
Le rectangle •
Le carré •
Le losange •
Le triangle •

✸ Find the mentioned shapes below and colour them correctly.

1. Le cercle rouge est sur le losange bleu.

2. Le rectangle bleu est entre le carré jaune et le cercle vert.

3. Le losange noir est sous le carré rouge.

4. Le cercle bleu est dans le carré blanc.

5. Le triangle violet est derrière le cercle marron.

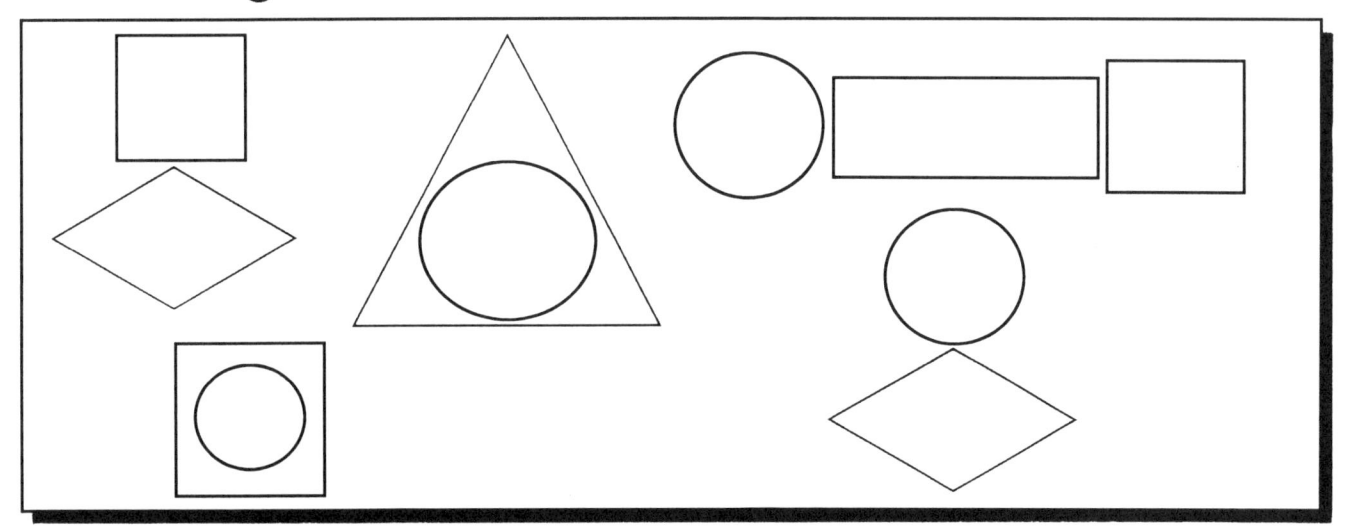

✸ Add up each written sum and colour in the result.

1. Trois cercles + trois cercles = ◯◯◯◯◯◯◯◯
   Je colorie en vert.

2. Trois carrés + cinq carrés = ☐☐☐☐☐☐☐☐☐
   Je colorie en violet.

3. Deux rectangles + un rectangle = ☐☐☐☐☐
   Je colorie en jaune.

✸ Write the name of each shape.

◇ .... ☐ .... ◯ ....

VOCABULAIRE
lourd - heavy
léger - light
long - long
court - short
petit - small
These words are called
ADJECTIVES

GRAMMAIRE
Add an E to the adjective when describing a feminine word.
Add an S when describing a plural word.
EXCEPTION
léger becomes légère (f)
long becomes longue (f)

✹ Describe each picture using one adjective.

✹ Write, in French, the noun (Pg. 33) associated with these words.

long......................................
heavy...................................
short....................................
light.....................................
small....................................
poisonous............................

tusks...................................
nibbles................................
forked tongue.....................
rodent.................................
plumage..............................
lives in the earth................

✹ Underline the five adjectives in the string of letters below.

WPELOURDQWOALEGERAPWOELONGACOURTQW
RWEXEPETITSXSPHLU

✹ Circle the correct adjective that describes each noun.

1. La règle est long/longue.
2. La plume est léger/légère.
3. Le crayon est long/longue.
4. Le jardin est long/longue.
5. Le livre est léger/légère.

6. L'écharpe est long/longue.
7. L'oiseau est léger/légère.
8. Le serpent est long/longue.
9. La trousse est léger/légère.
10. L'herbe est long/longue.

VOCABULAIRE

La souris - mouse
L'éléphant(m) - elephant
Le serpent - snake
Le ver - worm
La plume - feather

REMEMBER
Add an E if the adjective describes
a feminine word.
EXCEPTION
Long and léger
See work sheet 32.

✳ Circle the correct box.

1. La souris est	petit	petite
2. Le serpent est	long	longue
3. L'éléphant est	lourd	lourde
4. Le ver est 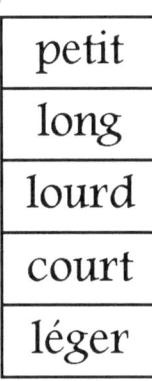	court	courte
5. La plume est	léger	légère

✳ Count the number of times you see these letters in the five main French words.
A capital L is counted as a separate letter.

l = ...	s=	v=	n=	i= ....
L=	u=	o=	m=	t= ....
a=	r=	p=	h=	e= ....

✳ Write the references of the squares in which the objects are found.

	1	2	3	4	5
a					
b					
c					
d					
e					

Les souris
Les plumes
Le serpent
Le ver
L'éléphant

34

★ DRAW AND COLOUR

Look at the sentences, then draw and colour what they describe.

VOCABULAIRE

La bouteille ~ bottle
La boîte ~ box
L'échelle (f) ~ ladder
Le bocal ~ bowl (goldfish)
Le poisson rouge ~ goldfish

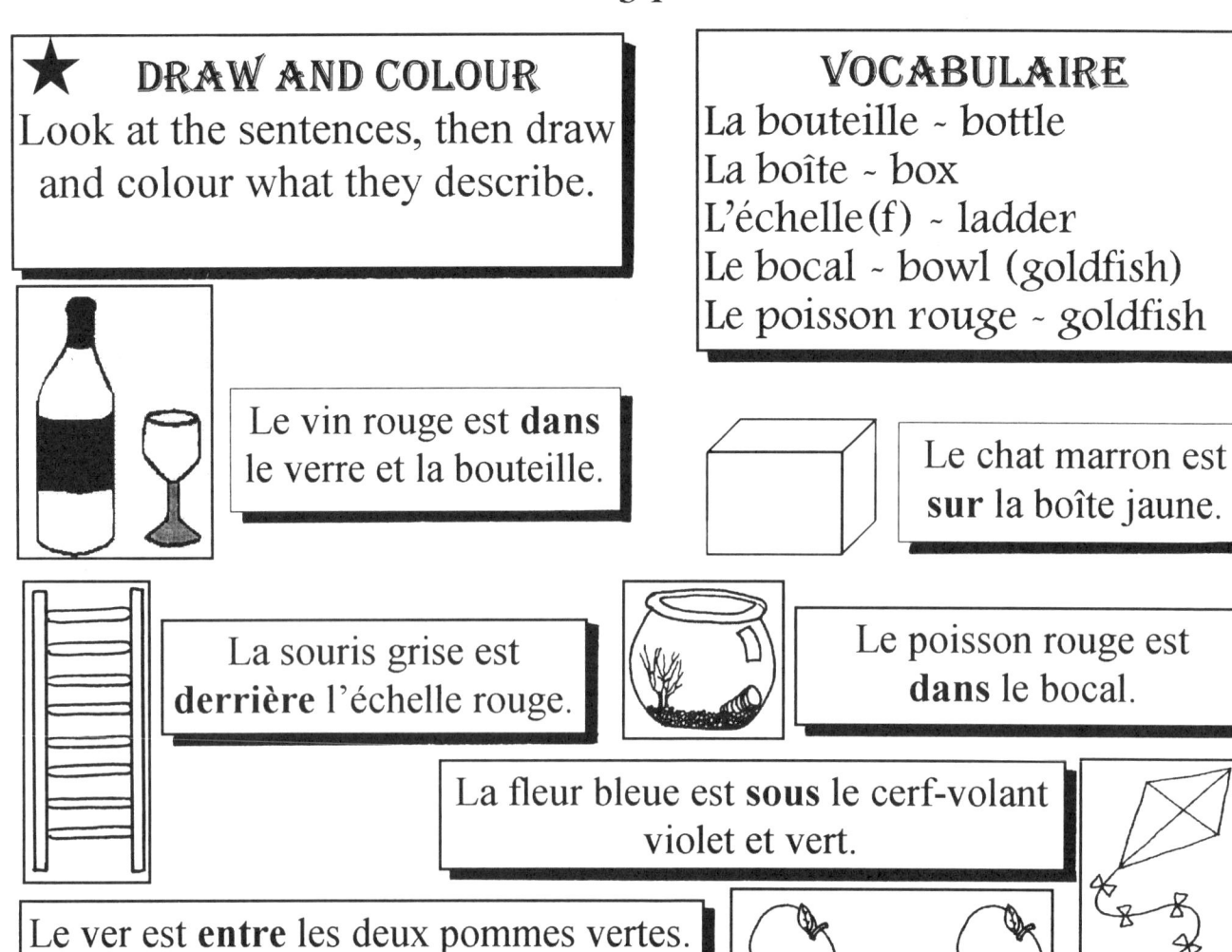

Le vin rouge est **dans** le verre et la bouteille.

Le chat marron est **sur** la boîte jaune.

La souris grise est **derrière** l'échelle rouge.

Le poisson rouge est **dans** le bocal.

La fleur bleue est **sous** le cerf-volant violet et vert.

Le ver est **entre** les deux pommes vertes.

✱ Unjumble these letters, rewrite them correctly adding le, la or les and highlight, in red, the correct part of each head.

1. zne ....

2. ehbuoc ....

3. ttêe ....

4. leoislre ....

5. xyue ....

Ecole Alouette Book 1 Work sheet 34

✱ Write which animal belongs with each object.

A	B	C	D	E

A. ....

B. ....

C. ....

D. ....

E. ....

✱ Write the French for the following five drinks and find them, without Le, L' or La, in the word search.

....

....

....

....

....

W	Y	W	F	B	N	M	I	O	P
T	J	Y	I	E	R	F	G	H	P
Q	E	A	U	W	C	W	R	E	A
W	N	W	G	B	A	C	S	V	S
A	T	Y	I	P	F	L	M	N	X
B	W	Q	W	R	E	M	C	X	C
X	T	Y	K	M	A	B	T	Z	B
Z	E	F	S	H	S	V	H	L	F
L	M	Z	N	X	T	G	E	R	E
E	Q	F	N	I	Z	J	E	T	F
W	C	N	A	D	J	S	H	D	G
H	A	L	Q	M	E	J	W	S	Y
I	U	A	V	H	W	O	N	Y	U
Q	R	Y	H	N	M	I	W	R	J
L	B	H	S	D	V	H	T	F	G

Is the boxed letter a vowel or a consonant?..................................

VOCABULAIRE

Le couteau ~ knife
La fourchette ~ fork
La cuillère ~ spoon
La nappe ~ tablecloth
La serviette ~ napkin/
 serviette

★ Write, in French, the number of objects.

1..

2..

3..

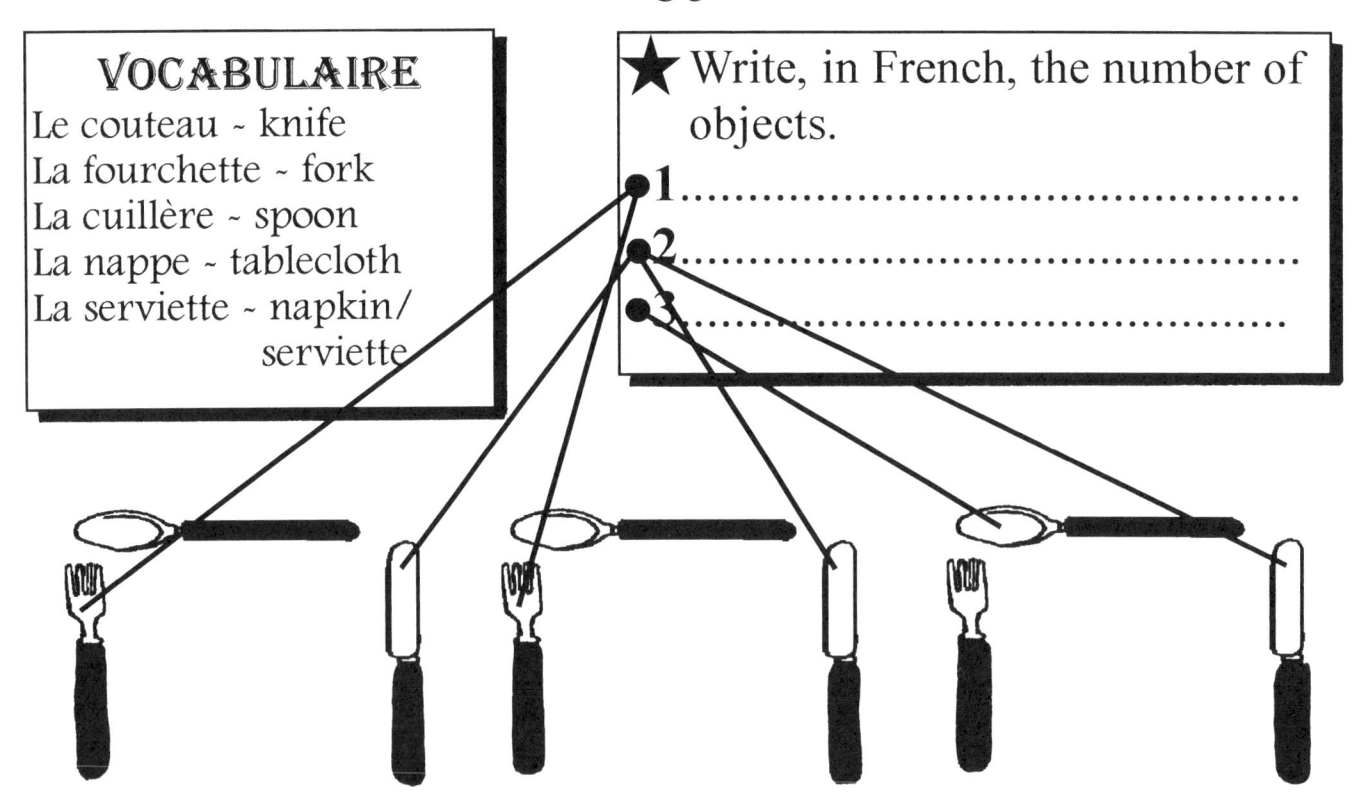

✹ Je dessine et je colorie. Add the following to the drawings above.

1. trois serviettes jaunes et vertes
2. une assiette rouge et deux assiettes orange
3. deux verres de vin rouge

✹ Rewrite these words correctly. Link them to the right picture.

1. La pain......................................
2. Lu fomage......................................
3. Lu confitere......................................
4. Les burre......................................
5. La laitte......................................

✹ Finish the addition table by filling in the boxes. (Beware!)

ADD	1	2	3	2	5	6
1			4			
5						
3						9
4			7			
2						
6						

✸ Tick the correct box depending on the French word for <u>the</u>.

le										
la										
les										

✸ Write a number from 1 - 10 in front of each French word. Then write the same number next to the English translation.

	les rideaux		les chaussettes		skirt
	le nounours		les chaussures		jumper
	la jupe		le livre		socks
	la chemise		teddy		doll
	le pullover		bed		shoes
	la poupée		shirt		spade
	le lit		book		curtains

Which word does not have a translation?.......................................

✸ Colour the flags correctly and draw the right shape in each centre.

Rouge Un cercle	Bleu Un rectangle	Jaune Un carré	Orange Un triangle	Violet Un losange	Vert Un cercle	Marron Un triangle

✱ Can you colour the French flag correctly?

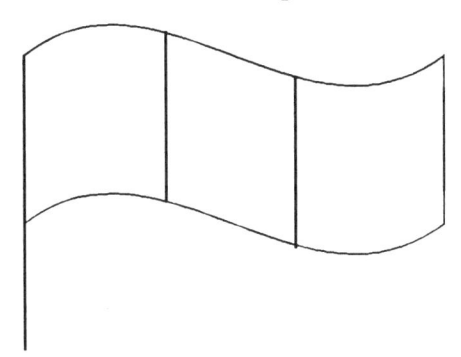

✱ Answer these questions in French. (You should know these answers by heart.)

Comment t'appelles-tu? ....

Où habites-tu? ....

Quel âge as-tu? ....

✱ Colour in the correct number of pictures.

cinq pommes rouges

sept poules orange

huit plumes grises

quatre fleurs jaunes

neuf crayons verts

✱ Write the correct number next to each word.
(Colour the even numbers in blue and odd numbers in red.)

neuf		deux		huit	
six		trois		quatre	
un		cinq		sept	

Ecole Alouette Book 1 Work sheet 38

✸ Sort out the code and write down each discovered word.

C	A	S	P	O	H	I	L	E	V	R	T	U

✸ Each discovered word is hidden in the code.
Write its code letter in the box below.

1		2		3		4		5	

✸ Find eight colours and five position words hidden in the string of letters.

LPQOWMARRONWEDERRIERERLSKVERTAOEYS

BLEUSPWQOEJFDKIVIOLETQPEISOUSJFMFNOIR

SURPQOWQPROUGEPQKZVJAUNEAOSKEKWOEJ

TEQPWODEVANTEIELMDKXNSHDMFORANGEQP

APQLWJRKIENTREQMKEIOTURJUEOIWPQOWIE

✸ Underline the numbers that are spelt correctly.

douze   daux   nurf   huit   slept   trois   un   dix
quartre   onze   trieze   quinze   quatourze   cinq

L'(f)	alouette skylark		Le	canard duck	
L'(m)	arbre tree		Le	carré square	
L'(f)	assiette plate		Le	cercle circle	
L'(m)	avion plane		Le	cerf~volant kite	
La	banane banana		La	chaise chair	
Le	bateau boat		Le	chat cat	
Le	beurre butter		Le	château castle	
	blanc white		Les (f)	chaussettes socks	
	bleu blue		La	chaussure shoe	
La	bouche mouth		Les (f)	chaussures shoes	
Le	bus bus		La	cheminée chimney	
Les (m)	bonbons sweets		La	chemise shirt	

Ecole Alouette Book 1 Vocabulary sheet 1

Le	cheval horse			dans in	
Le	chien dog			derrière behind	
Le	ciel sky			deux two	
	cinq five			devant in front of	
Le	citron lemon			dix ten	
Le	cochon pig		L' (f)	eau water	
La	confiture jam		L' (f)	écharpe scarf	
Le	coq cockerel			entre between	
Le	couteau knife		La	fenêtre window	
Le	crayon pencil		La	fleur flower	
La	cuillère spoon		La	fraise strawberry	
Le	cygne swan		Le	fromage cheese	

La glace ice~cream		
La gomme rubber	gomme	
gris grey		
Le hamster hamster		
huit eight	8	
jaune yellow		
Le jean jeans		
Le jogging tracksuit		
La jupe skirt		
Le lait milk		
Le lapin rabbit		
Le lit bed		

Le livre book		
Le losange diamond shape		
La lune moon		
La maison house		
marron brown		
La mer sea		
La mère mother		
neuf nine	9	
Le nez nose		
noir black		
Le nounours teddy		
Le nuage cloud		

Ecole Alouette Book 1 Vocabulary sheet 3

43

L'(f)	oie goose	
L'(m)	oiseau bird	
L'(f)	orange orange	
	orange orange	
Le	pain bread	
La	pelle spade	
Le	père father	
La	plage beach	
La	plume feather	
La	poêle frying pan	
La	poire pear	
Le	poisson fish	

La	pomme apple	
La	porte door	
La	poule hen	
La	poupée doll	
Le	pullover jumper	
	quatre four	
Le	rectangle rectangle	
La	règle ruler	
Les (m)	rideaux curtains	
	rouge red	
Le	sable sand	
Le	seau bucket	

French	English		French	English	
sept	seven		La tête	head	
Le serpent	snake		Le tracteur	tractor	
six	six		Le train	train	
Le soleil	sun		Le triangle	triangle	
La souris	mouse		trois	three	
sous	under		La trousse	pencil case	
Le stylo	pen		un	one	
sur	on		La vache	cow	
Le sweat	sweatshirt		Le vélo	bike	
Le T~shirt	T~shirt		Le ver	worm	
La table	table		Le verre	glass	
La tasse	cup		Le vin	wine	

vert green	
violet purple	
La voiture car	

THE CAULIFLOWER HUNT

Write down the numbers of the twelve work sheets in which you have found a hidden cauliflower. There are 12 hidden cauliflowers.

1.	2.	3.	4.	5.	6.	7.	8.	9.	10.	11.	12.

NUMBERS	
1	un
2	deux
3	trois
4	quatre
5	cinq
6	six
7	sept
8	huit
9	neuf
10	dix
11	onze
12	douze
13	treize
14	quatorze
15	quinze

COLOURS	
blanc	white
blanche	white (f)
noir	black
marron	brown
(never changes)	
gris	grey
violet	purple
violette	purple (f)
orange	orange
(never changes)	
rose	pink
bleu	blue
vert	green
jaune	yellow
rouge	red

1	Il est six heures.
2	Aujourd'hui, je vais aller au bord de la mer.
3	Mmmmm! J'ai très faim.
4	J'ai soif.
5	On y va!
6	Mets ta ceinture!
7	Pas trop vite!
9	J'adore les grandes vacances.
10	J'entends la mer!
11	Nous sommes arrivés.
12	J'adore la mer.
13	Il y a beaucoup de mouettes.
14	Je suis à la plage.
15	J'aime les pique-niques sur la plage.
16	Aujourd'hui, la mer est calme.
17	Les enfants jouent sur la plage.
18	Les enfants jouent avec des seaux et des pelles.
19	L'eau est froide. Brrrrrrrr!
20	J'aime nager dans la mer.
21	Il y a beaucoup de vent.
22	La mer est très agitée.
23	Il y a une tempête.
25	Les mouettes sont bruyantes.
26	Il fait beau.
27	Je joue avec le cerf-volant.
28	Je mange une glace. C'est délicieux.
29	Le ciel est bleu et le sable est jaune.
30	Les vacances sont finies.
31	Je rentre à la maison.
32	Le voyage est long.
33	Je suis fatigué.
34	Nous sommes arrivés à la maison.
36	Quelles bonnes vacances!